影响力

影响力

后会无期 有趣就好

互联网之一孔之见

孔华威 著

電子工業出版社
Publishing House of Electronics Industry
北京·BEIJING

图书在版编目（CIP）数据

后会无期　有趣就好：互联网之一孔之见 / 孔华威著. -- 北京：电子工业出版社，2015.1
ISBN 978-7-121-24754-5

Ⅰ. ①后… Ⅱ. ①孔… Ⅲ. ①网络经济－文集 Ⅳ. ① F062.5-53

中国版本图书馆CIP数据核字（2014）第268573号

作　　者：孔华威　著
策划编辑：刘声峰
责任编辑：刘声峰
特约编辑：胡　雯
印　　刷：三河市鑫金马印装有限公司
装　　订：三河市鑫金马印装有限公司
出版发行：电子工业出版社
　　　　　北京市海淀区万寿路173信箱　　邮编100036
开　　本：720×1000　1/16　印张：20.25　字数：253千字
版　　次：2015年1月第1版
印　　次：2015年1月第1次印刷
定　　价：49.00元

凡所购买电子工业出版社图书有缺损问题，请向购买书店调换。若书店售缺，请与本社发行部联系，联系及邮购电话：（010）88254888。

质量投诉请发邮件至zlts@phei.com.cn，盗版侵权举报请发邮件至dbqq@phei.com.cn。

服务热线：（010）88258888。

推荐序1

最是那细碎意念的价值

对IT和互联网的关注与研究，这是老孔的专业，也是他的爱好。只是与很多专业技术人士不同的是，老孔在社交状态里分享的专业知识和进行的专业交流，远多于这类专业人士在实验室和办公室里花的功夫。

所以，我要说，今天大家看到这么多看起来细碎但非常通俗有趣的观察、透视和分析，是很多专业人士不会去做甚至不屑于做的，而老孔却做了，这说明他虽身在浦东张江，但还真不是传说中的张江男。对于很多普通的互联网IT技术外行来说，这样细碎、趣味且形象的内容分享还是很有价值的。

互联网时代的人们的意识与表达方式本来就有快节奏和细碎化的倾向。所以，人们都希望能够快速地获得信息、处理信息并且把非系统的想法进行快速的表达。这种状态甚至成了网络、博客的写作风格，因此大家看到的老孔的文章，既说明他“浸淫”网络文化之深，也说明他的文章风格能匹配网络主流群体的交流风格。

看来，老孔还是90后啊！

所以，我也不敢把写在前面的这些话写太长了，免得我与老孔的辈分拉得太开。我要给大家的建议是，**想理解大数据、云计算、移动互联这类热词的真义的话**，请参考本书，尤其是如果你不是和老孔学同一个专业的话。

袁 岳

零点研究咨询集团董事长

推荐序2

技术——商业——创新——创业

为老孔大作写序，相当困难。这部书稿中，老孔涉猎了围绕互联网的几乎所有热门话题，天马行空、不拘一格。浏览结束，书名我还没有找到。

所幸老孔不时为福布斯中文网等媒体撰稿，我们经常交流，所以不惮提炼总结读后感。从某种意义上说，这本书是物理学背景、网络世界观，以及一位孔子后人对“礼崩乐坏”与生俱来的警觉所忧患出的社会关怀的混搭。

老孔是创业咖啡馆iTalk的创始人。从2008年开始，每月两期，周三在张江科技园地铁站旁的一家咖啡馆举办，至今已经坚持近200期，成为上海难得的创业者与投资者交流的平台。如果把iTalk六年多来流淌不断的话题，看成老孔写作的源泉，我相信这本书也是老孔多年孜孜不倦地打造科技创业平台的一个结晶。

这本书最大的看点，是其涉及了当下互联网几乎所有最热门的话题，信息量很大。因为科技和互联网在深刻地改变着我们的商业与社会，老孔信手拈出一些现象，从技术的角度加以分析，经常给人以别有洞天之感。**老孔物理学专业背景加上长期担任计算所的负责人，能够把唬人的科技概念——无论是3D打印还是开源硬件——讲得通俗易懂、妙趣横生。通读此书，读者定能熟练把玩各种酷炫的科技与网络名词术语，显著提升科技感段位。**

许多话题，不论是智能手机、社交媒体，还是大数据、云计算，几年之间已经发生了巨大的变化，老孔在每篇文章中都标注了正文的日期，以及最新材料补充的日期，我更想说这是当下老孔与当年老孔之间的对话，有些时间跨度长达五年，反映了技术与商业日新月异的变化。读者正好可以看到哪些是变化的，哪些是不变的。

全书形散而神不散。老孔是一位怀揣真金白银的投资人，**技术——商业——创新——创业**贯穿始终，从中也可以嗅出其投资理念。书中有近一半的篇幅谈创业与创新，无论是分析像“山寨”这样的中国独有又引起争议的创新现象，还是探索各式各样的创业方法论，都很接地气。

最后，我想说，这部著作话题的多样性，也正好反映出这场互联网技术变革所引发的变革的广度与深度，给年轻人带来了一次历史性的机会，他们可以实现在现实世界中无法实现的梦想，从而创造一个属于其未来的新现实。

是为序。

周健工

福布斯中文版总编辑

推荐序3

科技和时代的后现代人文关怀

我迷恋网络，唯独就是不爱读电子书。

在网上读书的用户体验是很牵强的，因为书已不成书，它缺乏纸质书的那种质感。不仅仅如此，将一本书转成电子版供人网上阅读，这个动作本身就像是个圈套，书的基因里并没有网络，因此网络上本不应该有书。

当在邮箱里收到孔所这本书的电子版后，我竟然一口气将它读完了。是的，这完全不是传统意义上的一本书。

这是一叠碎片。

读这本书完全不必从头开始读到尾，可以随机跳跃式读、中间插进去读，或从尾读到头……碎片化的时代嘛，我甚至在意识流里冒出了“书是平的”这样的字段，意象中可以将这本书拆散，天女散花似的抛向空中，书页纷纷飘落一地，随手拣起一片来读，片片成章。

这是一部搜索引擎。

埃博拉病毒、Android、ARPU、开源、云、3D打印、偏执、蝴蝶效应、Web3.0、失控、物联网、自适性、比特币、不确定、KPI、高斯分布、大数据、贝叶斯变换、杜拉拉升职记、ARM、C2B、下沉的互联网、增强现实、地球村、平移、遗忘权、静网、梵高、贝多芬、戒微、CPC、CEC、颠覆、石墨烯时代、“挨踢”（IT）、数据之美、RFID、语镜、LBS、FOAF、凤姐、芙蓉姐姐、伪娘、林志玲模式、植物大战僵尸、“晕”（云）计算、按需付费、场景计算、天使投资、感知、可穿戴、电子书、内容为王、K-hop、鸟叔、以物为本、O2O、A=x+y+z、创业无间道、Paul Graham、TESLA、LV、双输、破窗理论、木桶理论、马洛斯、企业家精神、咒语、自我实现、孵化器、新“山寨”、创客星球、元创新、斯诺顿、狗命、产业链、怀特兄弟、bit flow、现金流、百年孤独、哈耶克大战凯恩斯……

这是一系列无始无终的穿越。

把这几十篇因为不同的机缘成文于不同时间的“散发性文章”，在成书的时候，与“当时的我”做了一次笔谈，再把文章的时间拉到现在，对对齐……何等的超然，何等的文豪骨感！

这是对于科技和时代的后现代人文关怀。

不妨把这些文章称为“科技杂文”，因为它们虽然写的都是科技，说的却是哲理；虽然五花八门，但都立意深遂。书中的五个部分涉及了科技进化中最本质的问题——颠覆、创业、创新，观点犀利、文采荡漾，淋漓尽致地阐述了科技中的人文世界观和价值观。

我有幸认识好几位孔夫子后人，其中精通科技并能予以人文深度的，唯有孔所。中国正在演进进入一个奇妙的时代，她在融入世界的同时又在寻找自己的独特轨迹；她浸泡在狂潮中并竭力睁开眼睛仰望星空。孔所的这本书想必能使广大读者朋友和每一个正奋斗在创新和创业历程中的年轻人，感受到其中所积淀的一股强大气场，它正在逼迫你跳入“**科技与人文交汇的奇点上**”，去体察时代的脉冲，去思索与升华。

查 立

《给你一个亿》作者

推荐序4

互联网时代，我们都会有更多的快乐

当前是一个足以让我们兴奋起来的时代——互联网时代。原因其实只有一个：我们都会有更多的快乐！

非常荣幸，能得到著名互联网产业专家、本家孔华威先生的赏识而应邀为他的最新大作作序，由此得以先期拜读了《后会无期 有趣就好》。有趣，可能是我们生命中最关键的一个词汇，只是在常态下如果没细嚼慢咽的话不易觉察。有趣了自会有乐，而要想有趣就得有美感、不招人嫌、不惹人烦，这些说来容易但很可能是要花费一生心血、不易得到的人生境界。本书集七十篇文，读来酣畅过瘾，文风简洁但不失风范，深入浅出论点清晰，逻辑严谨说服力强。可解答人们当前急于求知的互联网相关疑问，一书在手即可跃入属于自己的信息时代。

快乐是不分家的，但是人首先要有获得快乐的冲动；知识是共享的，但是人首先要有获得知识升华自己的意愿。藉此机会，表述自己对当下我们所处的这个时代的辨识——这是人类有史以来最为恢宏的变革运动，有人称之为“人类第三次工业革命”；每个人的潜在意识和能力都将得到淋漓尽致的发挥，无所不能。

其实，Internet真正存在的意义只有一个——人类大同。这样一个令人无比振奋的时代，让我们都有机会以冲浪运动者的状态，驾驭起这一波波迎面而来的巨浪，玩酷出自己人生的一幕幕精彩和靓丽景观，给人间和后代留下一个个传奇。

孔祥东
钢琴家

自 序

上了北大物理系，惹了俩病：一是批判性思维，凡事会问“为什么不”；二是找寻基本规律，凡事要揪为什么，以及为什么的为什么。

学非所用地遭遇计算机、信息技术、互联网以后，毛病依旧，所以对云计算、物联网、大数据、虚拟化、Web1.0及3D打印等很多诸如此类让人云里雾里的概念，有了很多的“一孔之见”，而且为自己这些所谓“见解”，定下三原则：**第一原则是技术上要专业，别贻笑大方；第二原则是商业上要洞见和预见，别人云亦云；第三原则是“必须有趣”。**

实际上第三个原则对前面两个原则产生了很大的制约性，或者说变成了前两个原则的原则，“必须有趣”见诸于文章，就是内容和形式。形式的有趣，是强调发散，是散文的、杂文的、嬉笑怒骂的，每篇文章是一次Brainstorming；内容的有趣，是有犀利的观点，不求四平八稳，但求“霸气侧漏”。

观点要犀利，又能站得住脚，就必须有坚强而自洽的支撑，就像经典物理有牛顿的三大定律做支撑，我也有“孔氏三观”做支撑。

世界观：“一孔之见”的世界，是一个不确定的生态网络，网络上的点是人、老虎、狗尾巴草、埃博拉病毒、Android软件、变形金刚。链接他们的是食物链，是无限网络，是数据流量。

价值观：法律解决了“是非分明”，所以谈价值观只局限在合法的“是”的范围。价值观体系是价值的排序，计算价值的公式是“用户数 ×ARPU”，也即你提供的东西有多少人享用或消费了，他们每个人获得的好处几何。

人生观：人生苦短，所以必须及时提供独特的价值。比如，看完别人的文章，“点赞”；“一孔之见”的“千字文”，要邮件给尽量多的朋友；开公司多雇人，提供肩膀让人踩，让他去做更有价值的事；比如，生产有用的产品，满足更多人的需求……

这三观，有儒家思想在里面，谁让我有孔家血缘。小小的浙江省新昌县井塘村——家谱里有记载——是第51代孔万忠的小儿子孔千义开始繁衍的。提供这样的背景，也是为了您的“有趣”。

还有一个有趣的提示，就是有关小孔成像的有趣实验：一边是一个白色屏幕，一边是一支点燃的蜡烛，中间用一个带圆孔的板，遮挡在屏幕与蜡烛之间。当这个孔直径为1厘米的时候，屏幕上出现的是一个圆的光斑，形状就是圆孔的样子。当这个孔直径为1毫米的时候，屏幕上出现的是一个倒的蜡烛火焰形状，这就是小孔成像，其解析原理是：光是线，或者更深一点，光是由一颗颗的光子组成；当这个孔直径变成零点几毫米的时候，屏幕上出现的是一个正的蜡烛火焰形状，这是光的衍射，其解析原理是：光是波。就是这一张有一个小孔的纸片，居然揭示了光的波粒二象性。

这些物理啊，三观啊的“高大上”，就是为了铺垫这本小书中七十篇“千字文”的出场。这七十篇小文，因为不同的机缘成文于不同的时间，我集中两天时间，与“当时的我”做了一次笔谈，因此每一篇文字上续了一段“貂尾”，一是把文章的时间拉到现在，对对齐；同时也用上述的“孔氏三观”，把他们串成了五辑。

如果允许，我倒是希望出版社在书中间打个“小孔”。这样会更加有趣。

孔华威
2014/8/11
微信 konghuawei0006

目录

第一辑 颠覆 不确定的后会有期

第二辑 挨踢（IT） 新名字的云里雾里

第三辑 创业 金闪闪的草根逆袭

第四辑 山寨 微创新的野蛮生长

第五辑 赛博 一切皆有可能

第一辑 颠覆

不确定的后会有期

季路问事鬼神。子曰：“未能事人，焉能事鬼？”“敢问死。”曰：“未知生，焉知死？”

——《论语 先进第十一》

网络是群体的象征。由此产生的群组织——分布式系统——将自我撒布在整个网络，以至于没有一部分能说，“我就是我”。无数的个体思维聚在一起，形成了无可逆转的社会性。它所表达的既包含了计算机的逻辑，又包含了大自然的逻辑，进而展现出一种超越理解能力的力量。

——K K（凯文 · 凯利）《失控》

01

网络是一种世界观

2010/8/14

什么是世界观?

百度百科里这样定义:“世界观是人们对周围世界的总的看法或根本观点。这种观点是生活实践的结果，由于人们的社会地位不同，观察问题的角度不同，形成不同的世界观。世界观和方法论是一致的，有怎样的世界观就有怎样的方法论;方法论对世界观也有一定影响。”

网络，对我来说，是一个世界观，也是方法论。而且越来越觉得这个方法论很好用，很多原来的疑惑豁然开朗，许多问题迎刃而解。

网络作为世界观有以下几个要点。

1. Web2.0让我们深切体验到“世界是网状的”

世间万物，无不关联，而且只有关联才有价值。马克思说:“人是一切社会关系的总和。”蝴蝶效应，以及老子2500年前都说的是“关联的普遍性”。计算机网络的发展结果，从Web1.0到Web2.0及最近提到的Web3.0，使得我们对网络的理解，尤其是全局性的理解，对我们生活在网状世界中，有了切身的感受和经验。因此我们甚至可以用Web2.0来体验农耕社会，体验社区生活，体验民主或者独裁。

2. 网络就是一个“加权图”

这个“加权图”，是由点以及他们之间的连线组成。其中的点和线，根据不同的网络，可以有不同的含义。比如人际网络，“点”就是一个人，“线”就是他们之间的一个关系；而计算机网络，“点”就是一台计算机，“线”就是TCP/IP协议下的一个URL链接。

点本来是平等的，因为有了线，才显出不同价值。网络中的每个点是平等的——都是零维度对象，没有大小，没有面积。线，可以有方向，单向或双向。当把每个点与其他点之间的连线的数量、方向、强弱等参数加权统计起来，就可以区别这个点在网络中的不同价值——这时候，大家看到的网络是一张巨大的“加权图”。这张图上，孤独的人是孤零零的点，高傲的明星就是这样的，在他的点上汇聚的全是单项的箭头——粉丝们的单向关注。

3. 一个网络的价值遵循Metcalfe定律

罗伯特 · 迈特卡尔（Robert Metcalfe）是以太网的发明人，定律说的是：网络的价值与网络使用者数量的平方成正比。比如，如果全世界只有一个电话的使用者，那么电话这项发明的价值为零。可是大家都在使用电话，那么，这项技术就能够为像美国电报电话公司（AT&T）这样的巨型企业的存在提供足够的经济基础。

网络的价值＝每个节点的价值的总和；

每个节点价值＝本身的价值 × 这个节点的连线数量。

用这个网络世界观公式来指导我们的工作和生活，会让我们耳目一新。

比如10个人开会。假设每个人自身的智力和可能的贡献都是1，单向的连线计分0.5，双向的计分1。那么一个完全开放的会议，或者说Web2.0的会议，每个人参与其中的讨论，贡献自己的智慧，其价值是10×10=100；如果其中有3个人开小差，没认真听也不发言，那么这个会议的价值就变成了7×7=49；如果1个人发言，9个人听，然后解散，那么这个会议的价值最多是10，如果有3个人没有听的话，会议价值就只有7。

我们经常听到人们在抱怨社会的某种现象，殊不知，这些现象就像一个会议的共识。我们要成为参会者，就是要加入这个网络；要在这个网络中发挥价值，那就要把自己的观点让其他参会者了解，而且得到他们的反馈。

这就是网络精神：**平等、开放、激活**（active）。

从这个意义上看，您的网络价值是多少？独善其身远远不够，要成为网络的一个节点，要建立双向连线，这样才能兼济天下！

2014/8/5

“三观碎地”如今变成一个流行词，但是对世界观、价值观和人生观却没有一个完整的表述。在比较东西方思维后，我的理解是，世界观是哲学层面的，是关于人与自然的基本认识；价值观是“是非观”层面的，是对一些关键词的轻重缓急的加权、排序；人生观就是更接近“职业观”，就是要成为什么样的人，具体点说就是成为什么样的男人，什么样的女人，什么样的父亲，什么样的儿子，等等。

人与人之间相处，尤其是男女婚姻，三观一致会比较好，否则出现矛盾甚至决裂在所难免。

02

失控的新世界：KK给我的三个开悟

2011/6/15

坚持了两个月，陆陆续续地看完凯文·凯利共707页的《失控》，我问自己三个问题：

（1）假如1994年或者2000年前，我看到这本原名是《Out of Control: The New Biology of Machines, Social Systems, and the Economic World》，我会买下看吗？

（2）假如我看了这本书，它会在多大程度上改变我对IT、对互联网的看法，多大程度上影响到我的工作经历？

（3）能够有资格接替这本《失控》，能够准确预言2010年以后20年的书，如果它存在，它在哪个角落藏着？

这三个问题在逻辑上是循环的，从而变成了另外一个问题，是不是“我们”永远要看着后视镜来开车，假如真是这样，悲剧是注定的？

好在，在我看来，凯文·凯利这本写于18年前，依然可以再“指导”

我们18年。因为他18年前说的很多预言，到现在才真正浮现出来，而且逐渐嵌入大家的生活中，只是当时他没有用“云计算”，没有用“物联网”这样的时尚词汇而已。

准确地说，这本书是一本科技哲学书。凯文·凯利认为，新世界景象必然是在人和自然的地球上，多了一样东西，就是智能机。人、自然、智能机三者协同进化。到目前为止，有可能描述的科学术语是**“自适应复杂系统”**。对这个系统，他提出了9个概念性的论据：

（1）分布式状态；

（2）自下而上的控制；

（3）培养递增收益；

（4）模块化生长；

（5）边缘最大化；

（6）礼待错误；

（7）不求目标最优，但求目标众多；

（8）谋求持久的不均衡；

（9）变自生变。

这里每一条，都可以展开说，而且都能衍生出大量的技术、经济甚至哲学层面的思考。而对我来说有三个几乎是醍醐灌顶式的开悟：

（1）技术是生命体，技术的发展有自己的规律，有它的“生老病死”；

（2）整个世界和社会的发展和现状，具有不确定性和不均衡，而且这个不确定性和不均衡不仅仅是常态，也是我们应该追求的目标；

（3）我们应该乐观。这里的“我们”首先是指你、我等人类本身，也指智能机，还指的是我们认为他们没有智能的“大自然”。

这三条开悟，映射到我们生活工作的张江高科技园区中，可能具有明显的意义，因为这里是技术革命带来的新经济聚集地。如果让凯文·凯利来“规划”张江自主创新示范区的话，未来这里将是新经济的生态群落。很多基于新技术、新模式的企业，可以被看成不断冒出来的新物种，不断地壮大，发展、衰落、灭绝，这种发展过程从技术的扩展过程看是有规律的，比如“S型”发展。而总体看来是不确定的，是动态的，是不均衡的。

硅谷的状态，就是这种发展的状态。每个技术的扩展，包括汽车、IT、互联网和宽带等，都遵循“S曲线”，但是基于每个技术形成的各种模式的企业和产品，就像新物种，是野蛮生长的，甚至你无法预测的，你不知道微软后面有雅虎，雅虎后面有谷歌，你不知道后面还有Facebook，也不知道突然冒出来的Groupon会不会很快死掉。

这种不知道，就是不确定和不均衡。

但是我们坚信，后面还有更有意思的“物种”出现。不仅仅是因为新的技术正在启动它自身的“S曲线”，比如石墨烯、基因、云计算等，还因为我们是乐观的。

因此，凯文·凯利把书名定为《失控》，实际上是把“失控”变成了褒义词。

2014/8/5

1. 2014年6月15日，我在壹比特公司北京办公室见到KK，面对面听取他对比特币的问询，送了他一套丝绸印刷的《论语》，教他翻阅的时候请戴上白手套。不过我估计他不太会使用它——我希望他能够了解到孔子是2500年前的教育领域创业者，希望他知道儒家的“大同世界”是一个以家庭家族为基本单元的社会网络。

2. 在文中提到的“S曲线”，指在横轴是时间，纵轴是市场普及率的一个坐标中，某一个新技术或新产品，从刚发明到千家万户都普遍使用的轨迹，一般是一个很陡的“S”形。每个技术或产品画完整个“S”的时间不尽相同，而且互联网时代下，时间明显变短。

03

扎克说:“你必须善良!”

2010/9/16

“你必须善良，才能得到人们的信任。”听着口气不像出自一个不到30岁的年轻人之口，但确实是扎克说的。

扎克很年轻，但是不妨碍他看穿本质，他知道Facebook已经不是一个传统意义的公司，Facebook是一个国家、一个社会。这里没有统治，但是治理是必须的，尤其是一些基本的社会价值观。其中一条就是“你只有一个身份，双重身份是不诚实的表现。”

这是扎克伯格设计Facebook的方式，“你有不同面孔的日子——对工作上的同事表现出一副面孔而对生活上的朋友表现出另一幅面孔的日子——就要结束了。”扎克伯格相信:“更彻底的透明度能成就更美好的人生。”Facebook从许多方面来看更像是一个政府，而非一家传统意义上的公司。

当全世界有5亿人都遵守这样的社会准则的时候，将会发生什么?

尽管有很多对Facebook默认公开的隐私策略的质疑，有来自政治家的，也有来自欧盟数据保护工作组（The Article 29 Working Party）的，甚至有两个用户发起了“退出Facebook”网站（quitFacebookday.com），但是这些都没有能够阻止Facebook注册用户的快速增长。

2004年2月上线，2004年12月用户量达到100万，2008年8月用户量达到1亿，2010年2月用户量达到4亿，2010年7月用户量达到5亿……

如果把Facebook看作一个国家，拥有5亿人口无疑位列第三号人口大国，超过美国、墨西哥和法国三个国家的人口总和。Facebook的用户中70%来自美国以外。“Facebook在北美市场的普及率最高，达69%，随后为中东市场，为67%。拉美市场和欧洲市场则分别为58%和57%。Facebook在亚太地区还有很大的发展空间，目前在这一地区的普及率仅为17%。”

对比之下，在我们身边的网络中，匿名、多种身份，是我们网络生活的最大诱惑之一，我们有五花八门的网名，因为匿名我们可以谩骂，可以“人肉”，可以诽谤，可以无所顾忌。

网络暴民的核心基础是匿名。

在讨论网络实名制的时候，反对的声音之大，让制定政策的人很诧异。我的一个朋友参与过一些工作，他非常委屈地说：“网络实名有什么不好？起码不要记住N个登陆名，N个密码了啊”。我说：“哈，是因为大家觉得政府在做这个事情的时候动机不纯，对人‘马列’，对己自由不说，什么时候把我的信息卖给传销公司，那可吃不消！”那个朋友一脸无奈。

现在推进手机实名制，看来政府是下定决心了。

暂且不考虑“动机”，我赞成实名制。因为我赞成分享信息，也就是信息交换。扎克说：“当你公开分享信息时，你将会获得反馈，这是令人愉快的体验。但我们的动机并不是让所有信息都完全公开。我们推荐用户更多公开信息是由于我们认为这能够更好地在分享信息和帮助好友相互查找之间实现平衡。”

因为我对你公开信息，你最好也是这样。或者说，我为什么向你公开信息，因为你是公开的。

当你双手递上你的名片，你的名片里，手机、座机、Mail一应俱全，如果对方说：“对不起，我没带名片。”你是不是恨不得说：“那你把我的名片还给我。”当看到对方递过来的名片上没有手机号的时候，你是不是觉得稍有不爽，或者就追一句“您能不能写上您的手机号码？”

信息的对称交换，似乎是诚信的基础，也是一个合作社会的基础。因此我个人非常反对“防人之心不可无”此类的处世哲学。我宁愿欣赏“一报还一报”（Tit For Tat）。具体地说就是“**第一次对局采用合作的策略，以后每一步都跟随对方上一步的策略，你上一次合作，我这一次就合作，你上一次不合作，我这一次就不合作。**”

最后胜出的人有三个特点：

第一，善良，从不首先背叛；

第二，可被激怒，对于对方的背叛行为一定要报复，不能总是合作；

第三，宽容，不能人家一次背叛，你就没完没了的报复，以后人家只要改为合作，你也要合作。

分析人士认为，Facebook的用户量预计在2010年底前突破6亿。扎克（Zuckerberg）相信，Facebook用户量一定会突破10亿。我也相信，因为我喜欢“你必须善良，才能得到人们的信任”这句话。

2014/8/5

1. Facebook的活跃用户在2012年底就达到10亿。2014财年第一财季财报显示其移动端月活跃用户（MAU）数量达到10.1亿，日活跃用户（DAU）数量为6.09亿。

2. 我们的网上流行一个笑话是“什么是Facebook？为啥我们要花大力气阻挡一个不存在的网站”，不过情况可能会改观，2014年7月7日，Facebook已经在北京CBD财富金融中心租下一个占地面积800余平方米的单位，此举可能意味着Facebook考虑进军中国大陆互联网市场。但中国大陆互联网的管理十分严格，Facebook已经被封锁多年，Facebook能否成功进入中国大陆还有很大的变数。

04

不确定

2013/6/5

唯一不变的是变化。

唯一能确定的是“没有什么是确定的”。

这些悖论性质的话，有点像橄榄。俗话说：“粗人不吃橄榄。”所以这些话需要细嚼。

比如对“唯一能确定的是没有什么是确定的”这句话本身，你觉得是确定的吗？

从我们能感知的物理世界看，无论爱因斯坦如何不喜欢玻尔的“电子不是电子，是一团雾”的说法，后来的实验确实证明玻尔是对的，在电子级别的微观世界中，“测不准”是个常态。

回到我们的生活，那个被商业无缝覆盖的生活，不确定也是常态。天有不测风云，已经不是说天气预报了，说的是人有旦夕祸福。

而商业呢，却是如此坚守确定性的一个阵地。尽管商业组织处于一个不确定性的世界，但是所有KPI和PDAC设置，保险以及衍生的再保险业务，都是在指向一个确定的收益。甚至风险投资，也是如此不喜欢风险，希望有一个托底，有回购、对赌条款等。

这种对不确定的对抗，源自于我们对不确定的恐惧。

最近“大数据”这三个字很热，大有取代“云计算”的趋势。很多人问，大数据是什么？然后有很多解析，很多大数据的著作出来后，很多原先的“云计算”摇身一变说“我们也是大数据”。

我觉得问“大数据是什么”这个问题，不如问“为什么大数据”。因为大数据来源于我们对不确定的恐惧，因此我们希望知道未来的事情，我们希望能够未雨绸缪，我们希望通过以往的数据推演出未来。

这里隐含了一个逻辑是，如果我收集了所有数据，我就可以推断出未来你的行为，他的行为，还有整体的行为。且不说这个逻辑本身是不是有科学依据（详见另一篇“一孔之见”），至少现在已经实现了推演的两个关键步骤：

一是我知道你是谁。

在十多年前，有一句流行的话，“在互联网上没人知道你是不是一条狗。”现在因为你天天上网，四处留痕迹，你上网的习惯，浏览网页的习惯，还有博客、微博，当然还有电话短信之类，通过综合这些关于你的“大数据”，最后互联网说，或者我说“我知道你是谁”。

二是我知道你会干啥。

这里有两个预测的原理，严格地说是大数定律和贝叶斯变换。通过这两个原理，可以推理出你未来的决策大概是什么，如果把你的行为聚焦在电子商务上的话，其准确性是惊人的。另外一个很重要的特性是你是社会人，或者说你的很多决策基本符合高斯分布，说得白一点，你基本上是一个普通人。但是注意一点，我说的是基本上，你在90%的概率上是普通人。

那么还有10%呢?

2014/8/5

去年开始的“大数据热”，越来越走向不确定的反面，大家热衷于“预测”。这不得不说是一种逻辑上的悖论：互联网发展下的大数据揭示了不确定性，而人们用它来消除不确定。

从另一个方面讲，“不确定”这三个字，似乎是一个人有没有创新精神的试金石。

很多人天生就喜欢不确定性，以至于到了自虐的地步。泰格伍兹练习高尔夫时，一直不断地突破自己的“comfortable zoom”（舒服区），当一段时间打得特别顺手的时候，就要去给自己设定一个“原先动作”难以到达的目标，从而迫使自己去练习新的击球姿势，直到有另一个层次的“comfortable zoom”。

但是也有很多人，喜欢“绝对可控”，极端厌恶不确定性。比如很多

“战略新兴产业规划”之类的事情，很多地方政府甚至希望在自己地盘中，通过在五年内投入多少钱培养出几个乔布斯。

文章中的两个概念：

1. **大数定律**：在重复试验中，随着试验次数的增加，事件发生的频率趋于一个稳定值。比如，我们向上抛一枚硬币，硬币落下后哪一面朝上本来是偶然的，但当我们上抛硬币的次数足够多后，达到上万次甚至几十万几百万次以后，我们就会发现，硬币每一面向上的次数约占总次数的二分之一。

2. **贝叶斯变换**：世间之事总是有关的，事件A在事件B（发生）的条件下的概率，与事件B在事件A（发生）的条件下的概率是不一样的；然而，这两者是有确定的关系的，贝叶斯定理就是对这种关系的陈述。拗口一点说：在B出现的前提下，A出现的概率，等于A出现的前提下B出现的概率乘以A出现的概率再除以B出现的概率。通过联系A与B，计算从一个事件产生另一事件的概率。

05

广告驱动世界

2010/9/16

每当听说Google公司的股票如何如何，销售额如何的时候，常常有一个问题困扰我：用广告驱动的消费世界，是不是正走向很滑稽的困局？

你不得不投入广告，因为在信息爆炸的时代，你的任何一个消息都会瞬间被掩埋在海量信息中。但是你又越来越不知道如何投广告了，因为每次“点击”越来越贵（最近一个大闸蟹的点击单价达到了历史性的300元）。另一方面，“犀利哥”悄然走红不费分毫。

你越来越想知道客户在哪里，互联网好像能让你快速面对每一个客户，他们在QQ里，在论坛里，在开心网里，活蹦乱跳的，但是你却很难把握他们，无论你用什么隐形的、显性的广告，他们的兴趣瞬息万变。

这是一个多么纷繁的“消息市场”。而Google因为这样的混乱而大赚其钱。Google企图收取整个GDP的市场推广部分：从长尾效应的小广告走向品牌广告。

在美国等发达国家成熟的广告市场中，广告市场规模占GDP比例通常在2%以上，而目前中国广告市场规模占GDP比例尚不足1%。据相关报告显示，截至2009年年底，全国广告公司营业额达849.43亿元，同比增加71.10亿元，增长9.14%。从人均广告费来说，也是这样，世界平均为70.4美元，美国、日本等发达国家高达921美元和485美元，中国的数字是30美元。

看来广告是个不断发展的大生意。

但是困惑恰恰就在这里。需要另外的力量来平衡这种广告驱动的“Google经济”。

B2C电子商务、按需定制的发展，使用CRM和企业Blog等，把客户拉入生产销售环节，似乎是一种削减广告预算的做法。而且，从本质上讲，消费驱动的时代应该不需要广告，广告适于生产驱动的时代。要么那些“消费者时代到来了”的经济学家们的宣言是糊弄人的，要么我们会感觉到“广告量”的减少。我们拭目以待。

另外一个力量就是移动互联网。以小于4寸手机屏幕为入口的移动互联网，似乎让我们没有兴趣、没有时间去看大量广告。因为一屏一屏地翻下去，不是好选择。

第三个力量是环保的力量。这是一个理念上排斥“快速消费”的潮流。我们真的需要那么多品牌吗？我们真的需要一年换3次手机？既然不需要，是不是广告驱动会沉淀为质量、服务和品牌驱动？那么是否只要有主流的广告品牌就够了？

第四个力量是什么？就是国美这样的渠道商。

互联网媒体广告的主流销售方式是CPM（每千人成本——Cost Per Mille Cost Per Thousand；Cost Per Impressions），然而对于企业来讲，销售是目的，CPS（Cost Per Sales——按销量收费）才是企业的最爱。而CPC（Cost Per Click——按点击收费）在目前只是CPM和CPS之间的中间点。但是国美却做得更好，他按销售收费。国美的卖场，可以看成一个网页，每个摊位就是一个广告位，每一个销售，国美收取的是差价，相当于广告费。

更进一步讲，超市不就是按销售结果付费的广告场所吗?

那么这四种力量，是网络广告“booming”的反力?

也许是的。大家可以去思考更多的广告反力。因为我个人不太喜欢广告，所以不喜欢《杜拉拉升职记》，更不喜欢广告驱动整个社会。

精准的广告是，每个人都有自己的“消息秘书”，她知道我的需求，甚至比我自己都清楚，因为她有很好的记忆力。她会大大过滤互联网的信息，推送我想要的东西，我只要决策“yes or no”。我们的智能手机就有这样的发展可能，她不再是我们的手机，而是贴身秘书。她最近要做的一件事情，就是过滤短信广告。

那么这是不是说，移动互联网将不是Google的实力范围，除非它不要以广告为基础。

2014/8/5

离写这篇文章已过去四年，广告驱动世界似乎愈演愈烈，Facebook的主要收入是广告，更让人困惑的是亚马逊公司也在做广告生意。百度公司如日中天，还是因为让人眼红的广告收入。而国美CPS模式却走得很不顺，毕竟房租驱动的成本的增长太刚性了！如果我坚持“厌恶广告”的思路，至少可以找出两个比较牵强的苗头，那就是腾讯的收入中，游戏占比在上升；谷歌公司未来5年中，在健康、无人驾驶等多个领域的收入会大大增加，超过广告。

文章中的“犀利哥”，原名程国荣（1976年10月10日 –），江西鄱阳人，2010年初在中国浙江宁波流浪行乞，蜂鸟摄影社区一位用户试相机时拍摄的一组照片，受到网民的追捧，使其迅速成为网络热点人物。但是这位热点人物，对比郭美美、“不加V”等网络红人，未能“商业套现”，这其中有何秘密？

06

平台经济和平台企业

2013/6/15

在IT领域，常常会有“平台”的说法。比如说到一个计算机，硬件上会问是基于Intel平台还是ARM平台的，软件上会问是基于Mircosoft平台还是基于Linux平台的。说到手机，也会有硬件上的高通平台、展讯平台，软件上的安卓平台、微软平台，还有已经几乎消失的塞班平台。

因此，按说在信息产业的圈子中，平台是个蛮常用的，有约定俗成含义的技术术语。

但是当我看到最近出现在上海媒体的平台经济和平台型公司，我倒是开始晕了，因为听到有一个言之凿凿的提法：真正的“牛叉”企业，超一流的企业是做平台的。一流企业做标准，二流企业树品牌，三流企业做产品。

赶紧问百度和谷歌，似乎也没啥统一和明确的答案，只有浦东新区申请平台型公司的三个条件，把平台型公司定义得比较清晰。

(1)运用互联网信息技术，搭建第三方网络平台的企业。企业所运营的网络平台具有跨区域整合资源，促进要素供需各方达成交易的功能。平台整合的要素供给方与需求方均应达到一定规模。

（2）企业通过平台运营取得的营业收入原则上应占企业营业总收入80%以上，平台运营收入包括基于平台取得的广告费、佣金、产品差价、会员费等收入，以及企业为平台客户提供的增值服务收入等。

（3）其他综合性评价指标（包括平台交易量、注册用户数、成长性等）。

仔细分析上述三条，似乎一点不稀奇，可以用四个字“网上集市”概括，能够对接的英文是marketplace，但这个词是十多年前在电子商务出现的同时出现过的。

集市，我们很熟悉，就是菜市场、百脑汇、义乌小商品城、七浦路及钢铁市场等，把这个模式搬到网上，那就是淘宝（C2C）、阿里巴巴（B2B），以及很多B2C在一起的天猫。

但是仔细看后面列的几个典型公司，又有些晕了。八个公司，除了阿里巴巴，还有苹果AppStore、亚马逊、一号店、易贸、京东、快钱和银联支付。其中易贸是大宗货品的B2B市场；京东、一号店和亚马逊就是一个百货公司，应该不算是市场，就像我们门口的小店不是集市一样；快钱和银联支付，是第三方支付，应该是网上集市必备的工具而已，就像每个集贸市场的每个摊位会有POS机一样；去掉这么多，就阿里巴巴是平台型公司，苹果只能算半个（因为只提到其AppStore）。

显然，如果如此简单地分析就找能到“八分之七”的不合理的话，那些“上海应该大力发展平台经济”，“从总部经济走向平台经济”的说法，提得有点“大跃进”了。

不妨让我们回归到基本点，一个是IT平台，一个是传统集市。

在IT的语境中，谁是平台型公司？就是能够组织形成一个产业链的公司，典型的是ARM这样的核心芯片公司，以及Google这样的拥有Android核心软件的公司。

尤其是在互联互通的基本要求的网络时代，技术平台之间的竞争，是产业链之间的竞争，比如手机的操作系统平台、谷歌的Android和苹果的iOS之间的竞争，不单单是两个公司的竞争，是Google为首的八十多家OHA联盟成员与成千上万的iOS APP开发者、周边设备开发者之间的“群殴”——至少Google用一百多亿美元收购摩托移动，就是做“带头大哥”的成本。

在产业链变成产业网，变成一个一个产业群落的时候，除了核心芯片和核心软件厂家成为平台型公司，很多独特的瓶颈性的技术和部件，也会变成平台。比如当小米的智能手机达到51%以上的市场占有率，小米手机就是平台，是移动互联网的入口平台，小米公司就是平台型公司。当乐视网真能把超级电视低价送到千家万户的时候，它就是一个平台，媒体娱乐平台，或者是客厅注意力平台。

说完IT语境，回到义乌小商品城的传统集市语境。

上海被赋予建设金融和航运两大中心的战略任务，恰恰是有平台型公司可对应。金融领域，上海最有名的集市是上海证券交易所，其次是期货交易所、黄金交易所、股权交易中心、钻石中心等，这些是典型的网络集市。航运和物流，上海有比较成功的陆交中心及春宇物流等公司的物流金融尝试，但是可以称之为平台型企业的第三方物流和第四方物流以及物流金融企业，还没有出现。而创立阿里巴巴的马云，有一次下手了，在深圳建设平台型企业“CSN”。

无论从IT还是从传统集市语境，无论是技术驱动型、资源驱动型、资本驱动型、成本驱动型还是渠道驱动型，平台型公司都是很清晰的，不清晰的反而是生长出平台型公司“森林”的“土地”、“空气”和“水”，借用一下美国哈佛商学院马可·扬西蒂教授的说法：“未来的竞争不再是个体公司之间的竞赛，而是商业生态系统之间的对抗。”

这个时候，是不是有人应该回答原书记俞正声的追问：“上海为什么没有马云？”

2014/8/5

最近的上海，提“平台经济”的少了，代之以“四新——新技术、新业态、新模式、新经济”，这是一个进步的提法，从政府和企业这两个方面看，政府除了维护社会公平以外，如果是参与经济活动，就聚焦“四新”平台经济。而且还可以把“四新”简化成为“一新”，就是创新，而如果觉得“创新”两个字有点滥的话，就加一个字——“创新人”。政府营造一个平台就是让马云这样的创新人不断涌现，涌现的核心思想是“不确定地冒泡”。

07

计算、算计与智慧

2011/6/17

计算机、“云计算”这些概念我们耳熟能详。为什么“计算”那么重要，发展那么迅速呢？我的观点是：**计算的指数式发展，因为其逻辑的悖论，对我们人类是一个危险的事情，或者说得轻一点，是一件祸福未知的事情。**

思索来自三个方面。

（1）计算一开始是“记算”。我们为了让自己变得聪明开始了计算技术的征途。

“计算”和“算计”，“算盘”和“盘算”，这两组词语中，前者很中性，后者有些贬义。而“计算”从一开始可能写成“记算”更加准确。计算机技术，英文中的IT（Information Technology），其发展的两个本质性能是“记得多”和“算得快”。而一个人，如果博闻强记，脑子活络，那就是聪明人。计算力越强，他越聪明。

IT技术的发展，就是一直在帮助人类聪明起来。我们的记忆力有限，而数字化的存储技术可以帮我们记住很多很多。一本《辞海》，100M不到，轻轻松松放进计算机，相当于我们记住了。祖冲之1500年前把π计算到小数点后面7位，几乎得花他毕生精力，而现在一个10元的计算器，一个小学生一摁就计算到小数点后面10位。

当然网络的出现，还进一步完成了“千里眼”和“顺风耳”的梦想。

(2)信息爆炸与“记算力”是双胞胎，有点像冷战时期的军备竞赛。

IT的发展，是一系列的“化”：电子化、数字化、信息化以及网络化。这些“化”的本质是把实体的东西变成了“0”和“1”，以便于计算机“记和算”。而记和算的能力越来越强大的同时，计算机的处理对象也变得越来越强大，其增长的速度甚至超过了前者。前者的发展一般用18个月翻一番的Moore定律来描述，而数据、信息的增长，我们用“爆炸”这个词来描述。英特尔万亿级计算研究项目总监吉姆·海德（Jim Held）称：“全球数据存储每年以60%的速度递增。大量的数据，快速的增长，已经使我们无法处理。”到2020年，全球数字信息总量将达到35ZB（1Z等于10的21次方）。

另外一个“化”是“实时化”。物联网的兴起，使得数据是实时产生的，而我们人类的欲望，对“计算”的欲求也应该“实时处理”。

(3)我们做的计算机联合起来逐渐成为一个比我们聪明的“他”。

原来在我们手中的计算器，我们不摁不工作；我们的计算机，可以通过切断电源让它停止工作，我们可以删除硬盘里的数据，我们可以控制它的“记和算”。但是互联网发展越来越显示出另外一个趋势，那就是“它”

已经变成了“他”。我们几乎很难停止互联网的运营了，分布式的互联链接的上亿台计算机，已经组成了一个超级生物，他的记忆能力和计算能力远远超过每个个体的人类，甚至已经超过我们人类的“记算能力”的总和。今年（2011年）2月16日，继1997年IBM超级计算机“深蓝”打败国际象棋冠军卡斯帕罗夫后，IBM另一台名为“沃森”（Watson）的超级计算机再次击败人类。“沃森”在美国智力竞猜节目《危险边缘》（Jeopardy）第三场比赛中，取得77147美元的成绩，以三倍的巨大分数优势力压另两位参赛选手肯·詹宁斯和布拉德·鲁特，夺得这场人机大战的冠军。

俗话说得好，聪明反被聪明误。

我们一开始为了聪明而发展的计算器、计算机和网络，一开始要计算这个世界，从现在看来，趋势是我们正在被世界“算计”。

美国著名科技哲学家凯文·凯利20年前预言了这个“新世界”，尽管他很乐观，并且建设性地指出：“我们要教育这些我们制造出来的智能机器，他们是我们的孩子，要教导他们做善意的事情。”

今天看这个事情，蛮有禅意，当心中起了计算别人的欲念，免不了被算计。

看来光聪明是不够的，我们需要的是智慧。

2014/8/5

计算，作为核心竞争力越来越凸显出来了，而且有点图穷匕首现的意思。作为纯粹的“算力”竞赛，在比特币领域变得非常简单直接，因为挖矿用的唯一方法是计算，所以算力就是金钱。

天下武功唯快不破：海伯尼亚快速（Hibernian Express）已经完成了相应的海床勘探，总长6021千米的跨大西洋高速光缆已经从美国东海岸方向开始铺设。这条造价超过3亿美元的光缆在建成后将可以为纽约和伦敦之间的交易商节省6毫秒的时间。

这两件事情的交集是“网络计算”，而**网络计算主角明显不是人，是机器，就像量化交易的后台实际上不是操盘手，而是一个算法，一个软件或一个模型。**

08

“下沉”的互联网

2010/9/14

与云计算概念中的“仰望浮云”不同，这里说的互联网应该“落地”。可以从两个方面去看，一是从个人角度看，是嵌入个人生活，可穿戴型计算机；二是从社会角度看，关注身边的事情，关注身边的朋友，维护身边的社会网络。

人们一提到网络就联想到“虚拟”。现在让我们回归现实。晚餐到9点，有一个朋友站起身说：“早走一步网友聚会。”看着我们吃惊的眼神，他说此网友非你们想的网友，这些人都是原先就认识的，为了方便沟通，大家一起开了一个旅游QQ群，所以也叫网友聚会。

这不就是MSN与QQ的不同吗？现在QQ也变成了MSN。

最近有人在讨论一个人如何在Facebook上死亡的问题。一个人去了天堂，在Facebook的账号上如何体现，是注销账号，还是在他的照片上加个黑框？谁来加，是Facebook的管理员，还是那个人的法定继承人？我们的QQ人更牛，说：“如果我死了，请在QQ上留言。”很有科幻和惊悚的味道。

从1995年netscape成功“IPO”开始计算，互联网15岁了（截至2010年——编者注），按照Kevin Kelly的算法是5000天了。但是他已经在朝着“天气”，“气候”的方向发展了。很多事情一旦朝这个方向发展，就变得很神，也变得无奈。就连股市的涨落，现在也在“天气预报”的后面，每天报一下股市的“天气预报”。

很“神”的意思是，似乎有一个“神”在控制这个事情。以TCP/IP为核心的互联网无中心设计，有自我的生命，像一个疯长的植物。我们后面的计算机都链接在一起了，成为一台非常庞大的机器。“它消耗了全球电力的5%。55万亿个链接、每秒200万封电子邮件、3.1万条短信、246HB的存储空间——多么大的一个磁盘；大量的存储记忆体容量有9HB，每秒产生的流量有7TB之多，而国会图书馆的资料加起来才20TB，这意味着，每一秒都有将近半个国会图书馆在这个大机器内流转。它真的庞大无比。”Kevin Kelly这样描述互联网的神性，“每天有1000亿次点击，整个互联网有55万亿个链接，这差不多是人脑中神经突触的数目了。1000万亿个晶体管也接近人脑中神经细胞的数目了。然而人脑不会每两年升级一倍。到2040年，全世界所有的处理器将会超过所有人脑的处理能力。”

天有不测风云，我们更关注身边。现在“网”有不测风云，也变成“云计算”了，我们更关注身边的网络了。这里有两层含义，一是我们身边都是网络，我们“被网络”了——无线的、有线的、物联的、互联的；二是我们是有限的——能力有限、时间有限、生活的物理圈有限。也就是说随着网络嵌入我们的生活，虚拟的网络越来越有现实的意义，甚至越来越有“地理”意义，就是我们按照离我们身边的距离来圈出一个“近联网”来。

尤其是手机作为我们“被网络”的随身设备以后，这个身边网络越来越有意义。也就是互联网的“下沉”，值得关注。

这种有地理位置元素的网络，是一种趋势。

这个趋势可以解释为什么美国湾区 Craig Newmark 的 Craiglist 社区网，“北京六班长”的回龙观社区网，“老 F ”的八通网越来越红火。

也可以预测 LBS（Location Based Service）位置服务是驱动创新的因素，“Google places ”，“Foursquares ”等网络应用的火爆只是一个开端。将有更多的技术和应用来推进这种“落地网”、“身边网”，蓝牙、NFC、RFID 是如此，基于 LBS 车载的应用更加具有想象力。

“身边网”的另外一个延伸是“身体网”，我们身体上的各种信息实际上可以收集起来为我们的健康做实时预测，至少可以为我们年老的爸爸妈妈安装这样的应用。

“车联网”，可以向外和向内延伸。向内是车身网络的 IP 化以及与开车人的手机、计算机互联；向外，则是车子与附近车子之间的沟通，他们太近了，尤其是当后面贴着“baby in car ”的时候要保持合理的车距……

还有“家联网”，在家里，N 多的计算机和电视，每人不止一部的手机，是不是应该可以连接起来……

这些网络应用，都是“身边网”。或者说 10M、50M 之内的网络，我们可以叫做“落地网”，或者“我的身边网”，当然最近也有一个词叫“AR 网”，“AR ”是增强现实（Augmented Reality）的简称。

2014/8/5

2014年1月13日Google宣布以32亿美金收购智能家居之温控公司Nest；2014年3月26日，Facebook宣布斥资20亿美元收购沉浸式虚拟现实技术公司Oculus VR。这两笔交易是互联网“落地”的标志性事件，是智能家居和可穿戴两个领域发展的爆发点。这两个领域的“确定性”的蓬勃发展，会带来许多的不确定性，包括对隐私、安全以及医疗的颠覆。增强现实的发展，一方面是Facebook羡慕游戏收入，还有更重要的“阴谋”，那就是创造自己的世界。正如《扎克说：你要善良》一文中提到，Facebook尽管是一个社交网络，但是它也是另一个世界。有自己的世界观价值观，那么为什么不能有自己的“世界”呢？每个Facebook的用户，都戴着Oculus的头盔，一起在“第二世界”这样的3D世界里走来走去，这是另外一个空间，另一个世界。

宽带就是低碳经济

2010/3/16

周末在一个朋友家，他家的Sony电视上面放的节目，都是最新的大片，都是我的电视里没有的，显示方式也不尽相同。有些纳闷。再一看，电视机是直接接在计算机上的，他家根本没有安装有线电视。可以通过一个无线鼠标操作，他自己则用iPhone直接操作。

他孩子就一集一集地看《喜洋洋》什么的。我们那天就看最新的美国片。而且与大家的聊天结合起来，想到周杰伦的《头文字D》就搜一下直接放，确认一下那个情节是不是说得那样。聊到春晚，就再搜索一下，放王菲唱的那首歌曲……

我有点纳闷这个视频为啥那么流畅，因为我的计算机也用PPLIVE、迅雷等来看电影和电视，但是总是有些卡，放高清节目的时候，常来一下“缓冲中……”问主人才知道，他安装的是2M的ADSL，而且杭州那边不贵，1080元每年。

1M与2M的差别，看起来不大，但是实际意义非凡，甚至可以消除有线电视网络这个BNC线缆。而且可以说已经实现了“三网合一”，并不是中国特色意义上的三个行政部门控制的网络合一。这个“三网合一”，就是计算机网络把其他两个网络消灭掉的“三网合一”。

目前的技术，已经远远超过2M带宽。光ADSL这个技术的第一代“ADSL1”就可以提供下行6~8Mbit/s的传输速率。从2006年初开始，中国电信宣布开始全面采购和部署ADSL2/2+宽带接入，新的宽带接入，下行最大传输速率可达25Mbit/s，上行最大传输速率可达1Mbit/s。

当“10M独享到家”的时候，就目前的网络内容供应而言，已经足够我刚才“三网合一”的判断了。大洋彼岸的美国，似乎不太“炒3G”，他们更有挑战性的计划是宽带，而且美国国会将强制执行这个路线图。美国国会也许会通过一项立法部分执行这个宽带计划。

3月15日（2010年）消息，据国外媒体报道，“美国联邦通讯委员会（FCC）本周二将宣布一项重要的宽带网政策，其主要目标之一是将目前的宽带网速度提高25倍：在10年内向1亿美国家庭提供每秒100MB速度，目前宽带网速度不到每秒4MB；保证政府大楼、学校、图书馆和健康医疗设施的网络在2020年达到大约每秒1GB的速度。”从FCC宣布这个消息之后，思科宣布它将推出一个比竞争对手的产品速度快12倍的路由器。谷歌称它计划建造一个超高速互联网网络，显示这种网络是可以实现的。FCC赞扬了这两家公司。

如此看来，宽带时代远远没有到来。在我们天天热闹“3G”的时候，别忘了我们移动的时候多还是静止的时候多。低碳、SOHO，更期待宽带时代，说着应用不清楚、盈利不清楚的“3G”，还不如实实在在的让“3M到家”，让3M的应用到家。

我在想，办公桌上10M带宽，家里3M带宽，已经是足够流畅、标清的视频通信了，办公室之间甚至可以尝试高清了。这个时候，有多少会议可以通过网络视频完成？可以节省多少汽车、飞机出行？可以降低多少碳排放？可以降低多少交通事故……

记得有个人说过：“网络是最大的低碳经济。”

加上两个字，“宽带网络是最大的低碳经济。”（想到俺所在开发区宽带的价格，我狠狠地摇摇头。）

2014/8/5

“网络是最大的低碳经济。”这个言论到现在，却有两个反例。

一个是视频会议并没有普及，更没有普及到减少大家出差的节奏，你看到的还是高铁飞机的满满当当。另外一个是互联网产业居然成为耗电大户，全球互联网数据中心一年的用电功率可能达300亿瓦特，相当于30个核电站的供电功率。据谷歌公布的数据，每一次在搜索栏点击“确定”，大约耗电0.0003度，造成的碳排放量0.2克。100条搜索用的电加起来，可以让60瓦的灯泡亮上近半个小时。

出来混都是要还的。当“信息消费”这个词提出来的时候，信息与汽车、牛奶一样被消费了，自然也要耗能，那么互联网产业是不是高耗能产业呢？这个问题还真的需要认真考虑。

10

迎接“无处可逃”——献给Facebook

2012/5/18

老家农村毅然败落的当下，是不是可以乐观地认为那些手拿“全球通”的留守老汉们依旧生活在地球“村”里呢？

在我心底，是如此缅怀这个“村”字，尤其是在乡土中国。所以我总是从好的一面去理解、去迎接那个在信息技术和网络技术推动下，在WTO全球化政策推动下显然到来的“地球村”。

“地球村”（Global Village）这个词是加拿大传播学家M·麦克卢汉1967年在他的《理解媒介：人的延伸》一书中首次提出的。这个概念是从媒体、交通这两个角度推演而来，其内涵是“随着广播、电视、互联网和其它电子媒介的出现，随着各种现代交通方式的飞速发展，人与人之间的时空距离骤然缩短，整个世界紧缩成一个‘村落’。”

那么可不可以从诚信的角度来看“地球村”？

在一次会议上，因“触犯商业诚信原则和公司价值观底线的行为”从阿里巴巴引咎辞职的空降CEO卫哲，讲到他曾经去一个在中国有“骗子之乡”的地方，发觉在那个一亩三分地的县城中，人们做生意很讲诚信，他很好奇地问，得到的答案似乎有点嘲笑问题的叵测：“都是乡里乡亲的，低头不见抬头见，老爹不见孙子见，哪能骗人?!”

道理如此简单。分析之，在一个“村落”概念中，有三点诚信的倒逼力量：一是都认识；二是都记得，有历史记录；三是事关家族信用。

大家可以发现，这三点与法律制度没有什么关系。我们尝试把这三个逻辑前提放到互联网促成的“地球村”来考虑诚信问题，则非常容易对应：大家都认识，就是实名制的SNS；都记得，就是不能删除历史记录，这些都是Facebook的基本要求。从这个角度看，Facebook是一个每天有4.83亿人活跃的“大村子”，那么是不是可以推理出Facebook恰恰解决了互联网常常被诟病的匿名和诚信问题，是不是可以推理出为啥其估值能达到吓人的上千亿美元？还有第三条没有分析，是家族信用。Facebook等SNS都是以个人为注册用户的，与家族无关。在中国，“家”是一个比较神圣的词，不是因为伦理，真的不是。在道德沦丧的当下，伦理是太弱的维羁。我觉得之所以家很重要，是因为没得选择：你无法选择你的父母，就像你的儿子无法选择你一样。这个无法选择的继承，是很神圣的。还有一个与“无法选择”同样重要的是“地球人都知道”。注意，不是“可以知道”，而是明明白白的、亮晃晃地放在那里，是清澈见底的透明。这两者的结合，就会出现一个结果：**无处可逃**。在无处可逃的场景下，人必然诚信。这句话是应该有“上帝说要有光，就有了光”的气势的。

但是现实中，恰恰是我们的国际设置、法律设置、制度设置都在设置很多封闭的可逃之处。在东北某地犯了事，到云南接着生活；在东莞结婚生子，又可以在西安再恋爱结婚。记得以前有一个报道，说的是一个冒充在导弹基地工作的军官，居然在960万平方公里的大地上组建了四个法律上认可且四个女子爱他的“美满家庭”。

“交通基本靠走，通讯基本靠吼，取暖基本靠抖，治安基本靠狗”是在奚落正在被城市化边缘化的、生我养我的、当时很美的农村。它的败落似乎无可避免，但是“村落”逻辑，恰恰是我们网络“地球村”应该继承的，而且是最自然不过的“平移”。因为我们有“云计算”，有海量的大数据技术，可以做到让我们在互联网所编织的“地球村”里无处可逃。

就像我依旧怀念那个基本都姓孔的井塘村一样，我热烈期待让我无处可逃的“地球村”。也许我们现在的努力就是要推倒一切“墙”，无论它以什么名义。

2014/8/5

“透明”这个词，很伤人。上海新天地有一个店名是TMSK，我一直纳闷啥意思，后来明白人指点，TMSK就是“透明思考”。我听后很受伤。脑筋急转弯时候，经常受这样的伤。

互联网大数据记录你的所有行踪言行，这件事也许是双刃剑。最近的两个法院裁定就很值得注意。2014年5月14日，欧盟法院（The Court of Justice of the European Union）做出裁定，要求谷歌移除旗下搜索页面中涉及的隐私信息，并称公众拥有“被互联网遗忘权”。无独有偶，美国加州也通过一项名为“橡皮擦”的法案，要求互联网公司在被用户投诉时，删除涉及用户的网络内容。根据日程安排，该法案将于2015年生效。

你看看，**世界阴阳物极必反。**

11

网络静悄悄

2010/8/20

最近，《长尾理论》的作者又发飙了，Chris Anderson的文章《The Web is dead，long live the Internet》很有他一贯的“标题党”风格，有些感性，而更加感性的是合作者Michael Wolff的桥段，他以传统媒体回归来分析互联网的发展是“让我们回家”。

也许预言需要哲学气质。当然预言也很危险。

最近ERIC提醒大家注意他的对手Facebook的“危害”，同样具有文化味道。“很多人在成年之后会修改自己的网名，以便洗清自己那些在Facebook中的荒唐行为。”他说，“我们应该认真思考这些随时记录我们所有信息的网络会带来什么，例如恐怖主义等。”

是够恐怖的，Facebook的注册用户已经5亿了，已经是全球第三大国了，而且是Google进不去的一个“独立国家”。几年前，有过一设想，就是大家的网站上安装一个反Google的软件。如果Google说需要用我的内容，就开一个口子让Google查到，同时支付我费用。实际上，有独特内容的网站，再加上版权保护，这个事情是可行的。当然这样一来，Google这个完美的商业模式就没有了。

这叫风水轮流转，说学术一点，叫**产业周期**。

开放的极限是封闭。当Google以免费和开放的名义做OS、做Mail、做Gtalk、做Blog，最近又要做Twitter，还有Android，涉足手机领域，当Google无所不包的时候，这个开放，也就是“evil”了。只要你有着“拥有整个世界”的想法，封闭的极限也是开放，比如Facebook。所以Facebook最近老说是平台，还要做自己的手机。

在开放和封闭之间，产业在振荡。同样在个人和网络之间，产业也在摇摆。在隐私和公开之间，在移动和固定之间，在手持和桌面之间，都在摇摆。更重要的是人的习惯就在摇摆，在方便统一和个性化DIY之间，也在摇摆。然而Web3.0也好，下一代Internet的NGN也好，不管你怎么定义，下一个五年，将产生这些摇摆的结果。“next big thing”，实际上是习惯地逃离垄断的结果，因为Google和Facebook太垄断了，或者太好了，我们不得不生出“逃离之心”。就像一个美人，全无瑕疵，那更多的人会敬而远之。那么我宁愿想象后面的世界，回归和谐生活。希望网络让我们“easy life”，“易”生活，甚至“慢”生活。希望网络能够帮我们剔除浮躁，远离喧嚣，就像我们需要回归自然，发现我们只有一个地球一样。我们突然发现，我们一般活不到100岁，突然发现，我们一天只有24小时。我们突然发现，我们的朋友数量150就是极限了，多了也记不住。

好了，回归生活。网络让我们便利，应该释放的是我们创造力，创新力。而不是被信息“埋葬”，被信息“炸死”。

这些回归中，“网络”是我们应该继承下来的。这里“网络”，不单单是互联网，而是一种网络的精神，网络的思维模式、合作模式及行动模式，或者可以说网络是一种意识形态。

让网络嵌入我们的生活，让我们安静生活。

所以，预言是这样的，未来是“quiet network”。

因为安静，所以要绿色“green it”，服务器、网络设备不要热，不要一台服务器12个风扇。

因为安静，我需要安全，我可以移走自己的数据，所以，我需要一台家庭“云计算”备份我的数据，而且提供数据服务，当我拔去那根线的时候，别人别来打扰我。

因为安静，我不太想“噼里啪啦”地输入“Google”，输入“baidu”，输入“bing”，我不想在“草堆”里找那根“针”，所以我希望自动输入。我在雨天，12点，走在街上，你就告诉我，附近有一个饭店，而且我的一个朋友刚好也在附近。就告诉我是不是约他吃饭。我只要点击一下“ok”就搞定了。

因为安静，我需要的移动搜索，实际上是反Google的，因为我输入的条件是我的所有信息，甚至爱好，而答案只有1~2个。

因为安静，我不要太多选择。

因为安静，我不要“碎片化”。

大概做预言，都做着做着就不“理科”了。

那就让“静网”（quiet network）悄悄地来吧，因为它将带来“next big thing”，它会静悄悄地带来下一个Facebook、下一个Google。

或许就在中国。

2014/8/5

安静的互联网，不受互联网打扰的生活，有点乌托邦。

这几年的移动互联网兴起，尤其是腾讯推出了微信以后，我们一律成了“低头族”了。尽管我们真的蛮讨厌碎片化的，但是就像吸毒一样，我们“被碎片化”就像我们慢慢变老一样无法阻挡。

尽管很多人，如汪丁丁这种让我崇拜的人，已经开始提出“戒微”，我也尝试过尽量少看微博微信，少发微信微博，但是，我发觉这很难，每到这个时候，我会这样宽慰自己：“这是一种裹胁，别人都这样，我能咋办？”

我知道这种自我安慰是不对的。我试图锻炼自己的“网状多任务”能力来处理这些碎片，这也许是适应“碎片化环境”的一种生存能力。这种能力可以表现为，我可以同时启动N个任务，就像同时玩10个陀螺一样，我时不时去抽一下，不让他们停下来。

这种倒逼后的苦逼能力。

12

出版社是卖纸的

2012/7/6

最近的一则报道说，一位阿根廷出版商用新技术——会消失的墨水来出版一位拉丁作家的诗集。如果你买了它，打开了密封包装却两个月没看，待再次翻开时，你就会悲剧地发现，它已经成了一本无字天书。因为一旦拆封，它与空气、光线开始接触之后，文字消失的倒计时就开始了！

那个时候，你发觉你买了200张70克轻型纸。

仔细一想，发觉这样一个事实：我们买书，实际上是在买纸。你可以发觉书籍的定价，基本上是按照书的厚薄或者页数来的，精装书贵一些也是因为封面用了硬纸板。说到底还是纸。再细究的话，书的成本中除了纸张，还有就是印刷的工序，比如是彩色的，还是黑白的，是四色的，还是双色的……反正书籍的定价确实与书的内容一毛关系都没有——莎士比亚的《哈姆雷特》与《中学生优秀作文集》相同的印刷质量、相同的页数的话，价格基本差不多。

莎士比亚你也不用委屈，出版业历来如此。从这个角度看过去，出版社就是用你莎士比亚的《哈姆雷特》来卖纸，你就是一个品牌，是一个代言。而且你的代言悲剧还在于，你再牛也不能提高单价，你与“春蕾杯”中学生“明明”的差别是，因为你的代言，那些纸张可以多卖点。如果说增值，那么莎士比亚你及你的《哈姆雷特》比代言LV的明星及他们PS后的海报又是无限逊色：他们可以让一个皮革手包卖到60000元，而且供不应求。

作家、出版社，实际上是卖纸的。所以李白可以让“洛阳纸贵”。

如此看来，互联网、电子书、iPad对出版业的革命是显而易见的，因为我们有电子版的《哈姆雷特》了。

再来看看杂志和报纸。实际上基本逻辑差不多，只不过杂志和报纸，在组织内容上更加多元化，书可以不只有一个作者，杂志和报纸则需要10个甚至100个作者。而且在卖纸的事情上，杂志和报纸比书更有压力，因为其内容有时效性。昨天的新闻，明天是没人看的，不像《哈姆雷特》100年后还有人看。

因此，以“卖纸”为生的出版业注定是悲剧的。因为内容必将以电子方式传播。

而深入到中国出版业，那悲剧里却有很多喜剧的因素，因为有书号的专有及教科书的政策限制，所以刚才莎士比亚的《哈姆雷特》，在中国估计要输给作为教辅的作文集。据统计，教科书支撑着整个出版界上市公司的70%业务。

112期iTalk上《2012买张船票去南极》里，展示了我们买一本书大概买了些什么：印刷成本占25% ~30%，稿费或者版税占8% ~15%左右，出版社管理成本占6%，总的出书成本在40%上下，而出版社给一般批发商的出货折扣为6折左右，大批发商的利润在5% ~10%，零售门市的利润空间在25% ~30%。

这里还有个事情没有揭示，就是退货率。零售商卖不出去的书可以退货，一般是30%。如此看来中国的作家在中国出版业要混出名堂来，打造一本畅销书很不容易。对出版社来说，一本书售出3000本左右可以保本，售出几万本就是畅销书，售出几十万本就是大畅销书，售出一百万本以上就是超级畅销书。而事实上，全国一年中销售过百万册的文艺类畅销书不到10种。所以行内有句话："图书出版业只能赚一些小钱，赚大钱很困难，除非你卖课本。"

互联网如何影响到出版业，很简单：原先是CPC（Content-provider Publisher Customer内容供应商/作者、出版商、消费者）对话，将来必然是CC（Content-provider Customer内容作者和消费者）直接对话。在过渡时期有可能的两种模式是CPC和CEC。

CPC就是内容供应商、平台（platform）、消费者。其中"P"的典型就是盛大文学加上中国移动。

而CEC，应该是存在的，启动的"E"是编辑（editor）。在浩瀚而泥沙俱下的内容中，编辑力尤其是编辑慧眼，是小众分销的重要角色。国内外已经有很多的尝试。东西网和豆瓣的"九点"就已经聚集了很多的粘性读者。

编辑，恰恰是现在传统出版业里人才济济的职业。如此看来，传统出版业要转型也蛮简单的。只不过原先的出版社将化整为零，被N个出版工作室替代了。

真正的编辑，可以向Arianna Huffington学习，去做出版业的“未来之星”，VC会跟随！

2014/8/5

这篇有点“标题党”的文字，有点“环保主义”的“愤青”味儿，不过一个事实是出版业日益衰败。因为无论从阅读习惯、环保、出版政策，还是信息消费等因素出发，没有一个因素是在正面支撑传统出版的。

就连“内容为王”的模式也被颠覆！以内容点评为主的“虎嗅”网的CEC模式得到投资；以“我们不生产新闻，我们是新闻的搬运工”为口号的《今日头条》APP在短短的一年内抓取了大量的新闻头条，更抓取了近1.2亿读者的眼球，成功获得了1亿美元的融资，估值超过5亿美元。这两个CEC模式中，后者更彻底地用大数据技术来编排推送内容。

媒体这个行业，是一个永恒的行业，而媒体中的内容和渠道只是两个“翅膀”而已，什么是这只“大鸟”的核心呢？难道是广告？

第二辑 挨踢(IT)

新名字的云里雾里

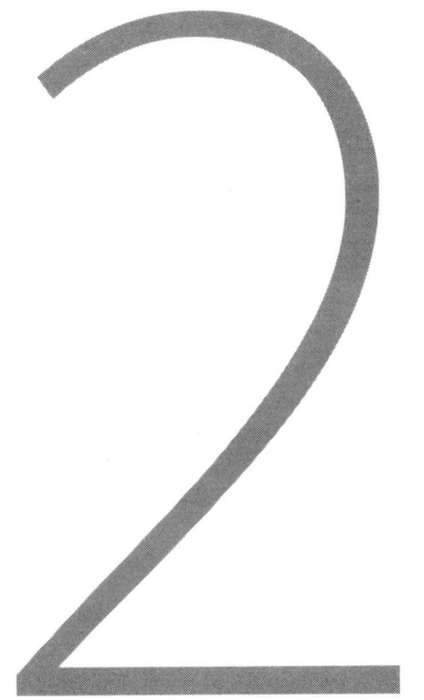

“只有石墨烯时代颠覆硅时代，才是引起这个世界动摇的颠覆力量”。

——任正非

颠覆性技术永远在发生，而且是从边缘性的地方出现的。它经过初步创新，不断改进，达到最低客户满意度，突然间市场打开。刚开始，这些颠覆性技术具有这些特点：质量低、高风险、利润低、市场小、未被证实的。没有人愿意进入。但创业公司别无选择，因为他们没有资金，顾客和技术。这些边缘性领域就是创业公司的突破口，这就是为什么创业型公司很容易颠覆我们目前的科技。

—— KK《失控》

13

美丽大数据

2012/12/31

无论我们如何纠结于虚拟和现实中的“2012”，无论许多人如何纠结于“2200点”究竟是不是该抄底，2011年反正就到年底儿了。2010年iTalk是有意聚焦于“智慧城市”这个主题，而当我看着76~99期的“iTalk”题目列表，发觉2011年我们无意中纠缠在三个字上，那就是“大数据”。

无意中翩然到来的“有意”，值得我们细细端详，注目这“美丽大数据”。

1．数据是CPU

2005年，Web 2.0的主要倡导者Tim O'Reilly在其经典《什么是Web 2.0》中就强调过“数据是新的Intel Inside”，也就是说，就像PC时代Intel芯片是核心一样，数据是新一代计算的核心。2007年Google承认，在很多情况下海量的数据比好的搜索算法还要重要。2009年Google的研究总监Peter Norvig等人发表了《The Unreasonable Effectiveness of Data》一文，得出一个结论：简单的模型加上海量的数据比精巧的模型加上较少的数据更有效。

数字化、数据我们习以为常，当它变得越来越大的时候，也就变得越来越重要了。麦肯锡全球研究院预计：2010年，全世界的企业在磁盘上存储的新增数据量超过了7EB（1EB=100万TB），全球用户在台式机和笔记本等设备上存储的新数据也超过了6EB。1EB所包含的数据量大约是美国国会图书馆所藏信息的4000多倍。这个大数字时代到来的转折点，不是来自银行和政府，是来自我们自己，来自我们人手一部的智能手机（例如火爆的小米手机），来自“always online”的移动互联网：世间每个人、每件东西，每天、每秒所产生的新数据（位置、状态、所见、所闻、所思、所言……）。

“每个人生产的同时也在消费大数据。”中国电信研究院的钮钢在98期iTalk上如此说。

2．地球的脉搏

你每天输入一次Google的数据不重要，但是当把你10年来每天的查询记录全部记录下来，这就是关于你的大数据，对你来说是真正的隐私。而把全球所有的人在Google的小框框中输入的数据全部记录下来，这个“大数据”里显然有这个地球上所有人类的秘密。而Jack Dorsey直接把Twitter称之为“地球的脉搏”，就因为Twitter用户每日发布的推特（tweet）量已经超过2亿条，相当于8163本《战争与和平》，又是一个大数据。

新浪如果可以成为中国的脉搏的话，也是因为大数据。2011年9月，新浪微博用户平均每天发布的微博数增加到8600万条，较6月份的7500万条上升了15%，与此同时，新浪微博整体流量也实现了23%的上涨。

“iTalk”95期中的钟国文是“盛大推他网站”的founder（创建者），

“推他”是“轻博”，美国的同类tumblr在短短2年时间内，其用户数量已经超过博客平台wordpress。人口的优势使得我们在移动互联网中成为LBS数据的领先者，实时位置数据的出现已经创造了一套全新的基于位置的服务——从导航到根据人们在何处如何驾车以及进行财产和人身伤害保险的定价。98期中的丁丁地图是上海本土成长的LBS企业，闻聪说：“丁丁的核心是数据，是海量的真实签约的POI商家数据。”

3. 电子商务：我猜你想要这个

淘宝开放平台总经理张阔在“iTalk”90期中，展示了其数据实力：淘宝目前每天的活跃数据量已经超过50TB，共有4亿条产品讯息和2亿多名注册用户在上面活动，每天超过4000万人次访问。78期中的是一号店的于刚，他的演讲座无虚席，凳子加了又加，“一号店的网上超市模式所依仗的就是用户数据”他说，“而这些数据不单单是电子商务平台企业本身的业务积累，一旦开放，就变成了数据淘金地。”94期中的朱一超，是北大高材生，他的演讲题目很有诗意，《发现大数据的美》其创业公司睿广智是为电子商务的买家开发推荐系统的，简单地说就是一个男的来买啤酒的时候推荐他尿不湿，但是其中基于消费心理和社会学逻辑的算法，却是需要大量的服务器做支撑的。

尽管我几次用“测不准原理”和“女孩的心思你别猜”来打趣，不要把自己的商业模式说得太神奇，要越模糊越好，但是我不得不相信这样的数据：善于利用海量数据的零售商有可能将其赢利空间提升60%以上。又是大数据。

4. 金融大数据

“iTalk”第93期中的白硕老师是上交所的总工，他讲的《大数据和金融创新》与去年第72期超算中心奚自立主任讲的《金融计算》让人感觉金融大数据的国际竞争是惊心动魄和血淋淋的！国际上，银行、保险商、经纪商及多种不同的金融服务公司均依赖于海量数据集成和分析，以便更有效地吸引和保留客户，实现目标交叉销售，同时通过运用海量数据分析来加强欺诈检测、风险管理并提高合规性。

不但如此，大数据和“云计算”将很多业务金融化。比如通过电网每隔五分钟或十分钟收集一次数据，收集的这些数据可以用来预测客户的用电习惯等，从而推断出在未来2~3个月时间里，整个电网大概需要多少供电。有了这个预测后，就可以向发电或者供电企业购买一定数量的电。因为电有点像期货，如果提前买就会比较便宜，买现货就比较贵。通过这个预测，可以降低采购成本。

再例如第四方物流到供应链金融的产生，需要管理大批量的实时无线电频率识别（RFID）数据流，有助于公司在优化物流、库存和生产的同时迅速准确地定位制造缺陷；GPS和映射数据则能够精简并提升供应链效率。这也许就是80期“iTalk”上语镜汽车的兆龙分把收集到的动态交通路况首先卖给保险公司的原因。

海量数据在医疗行业机遇是显然的。比如医疗机构通过向电子医疗记录的过渡和机构之间对医疗研究数据的共享，正在生成巨大的数据量并导致严重的数据管理问题。生物技术和制药公司则重点关注海量数据中的基因组研究和药物发现等领域。临床医疗信息提供者会整合和分析相关数据，提高医疗效率，到2020年，这一行业的市场价值将达到100亿美元以上。

5. 大数据技术

大数据产业，显然是技术驱动的。IBM用“3V”来表征大数据技术：**多样性**（Variety），应包含结构化的和非结构化的数据；**体量**（Volume）、**聚合**（Velocity）在一起供分析的数据量必须是非常庞大的；速度，数据处理的速度必须很快。

按照中科院计算所的提法，大数据技术是以“数据密集型服务和数据分析应用”为目标的高通量计算（High Throughout Computing）。高通量计算需要新的硬件和软件、新的计算模式，其中最重要的是大数据的“流计算”。“流计算”要求无论是采集、处理和分析都达到是秒级实时响应。

在大数据技术上，有个关键词，那就是“开源”。实时流计算框架方面有Yahoo开源的S4、Twitter开源的Storm，海量数据采集工具方面有Facebook开源的Scribe、LinkedIn开源的Kafka、Cloudera开源的Flume，淘宝开源的TimeTunnel、Hadoop的Chukwa。

正是因为开源，张江的“iTalk”小伙子们与国际同行站在了同一个起跑线上。

76期中吴朱华的YunTable，经过一年的努力于今年（2012年——编者注）11月在“北京云计算大会”发布了beta版，成为国内可商用的海量处理数据库；因纳公司的海量数据采集器系统，架构在64核CPU服务器上，性能远远超过F5等国际厂家；99期中参与路演的“CloudBI云数海量数据处理平台”的实测数据更惊人：对2.6亿条数据和2个1亿条的表做处理，客户用oracle运行需要6个小时，CloudBi用70台PC运行只需1分钟，速度提升360倍。

6. 海量创新

“iTalk”第100期，是复旦大学朱扬勇教授讲《数据科学和数据产业》。又是大数据！中国科学院院士何积丰说：“海量数据处理是新型信息服务和科学研究的基石，要从海量数据中寻找科学规律。”Google首席经济学家Hal Varian说：“数据科学家将是未来十年最具吸引力的职位。”他认为管理者甚至中小学生，都应该具备对数据进行处理、提取、洞察、理解和表达的能力。美国就面临14万~19万具有数据分析和管理能力的专业人员及150万具有理解和决策能力的管理、分析人员短缺的问题。

大数据需要人才，尤其是创业人才。

在2011年“iTalk”出现过的这些技术型创业公司，现在都是10人不到的小公司，但是他们“PK”市值60亿美元的Teradata17亿美元的Netezza，以及被EMC巨资收购的Greenplum，一点不差。真像大数据的另一个说法，“海量数据”，大数据是海，那么他们是快乐的鱼！

大海是我们生命发源地。大海之所以成为大海，因为它包容一切，有上百吨的灰鲸，也有百万条雾一般遨游的金枪鱼群，之所以生动，是因为生态。

美丽的大数据，美丽的海！

2014/8/7

这是一篇2013年元旦写的对2012年一年“iTalk”活动的总结。当时提到的一个“数据海洋”的观点，在2014年的“明道大会”上，进一步融进“生命”这个主题去阐述，听众的反应还不错，大数据确实有很多不确定性，从而会有很多的惊喜，但对于另一些人来说，是恐惧。

“iTalk”活动从2008年开始，每月两期，在周三晚上的张江举行。每年24次活动，是朋友的聚会，是带着脑袋的24次聚会，自然而然会“春江水暖鸭先知”，2012年的大数据主题，就是这样来的。

14

行不动的大数据

2014/6/24

云计算、物联网还没过去，大家还在“云里雾里”时，大数据的浪潮又来了。以IT为核心驱动的新经济，就是这样通过技术自身创造需求，人类本身是盲目跟随者，跟不上就“OUT”了。你买了个iPhone手机，就等于买了个昂贵的吃货，你要贴膜，要交每月话费流量费，要安装APP，要下载安装游戏，你会不停地拍人自拍，你变成了“低头族”。不知不觉中，你实际上被淹没在自己参与制造的“大数据”中，你既是数据的生产者，也是消费者，光你的一个“每天看余额宝收益”的需求，就够阿里的王坚博士动用大数据云计算的。他们的老板马云干脆就把阿里巴巴的核心竞争力定位在DT（数据技术），他挟“数据”以令诸侯，左冲右突，淘宝横扫了淮海路南京路恒隆广场，支付宝“逆袭”银行，余额宝5000亿元货币基金傲视陆家嘴，现在娱乐宝要颠覆电影行业。

在每一个技术热点来的时候，各地都会有“××行动计划”，一般计划的内容是“引进一批、培养一批、聚集一批”，手段是“一个基金、一个联盟、一个基地”，如果重视就会设立一个推进办公室，推进办公室主任的级别与重视程度、基金大小、园区面积挂钩，我们可以称之为“一揽子行动计划”。“百度”一下，你可以看到很多行动计划，一般的计划时间是三年，大家知道领导任期就五年，掐头去尾就剩下“三”了。换了其他省其他城市，我觉得无可厚非，你说三道四，人家一句“我们没人没钱没基础就不让我们活了”就顶回来了。但是，上海你有人有钱有基础，就不能解释“我们就是三年行动计划打天下！”你真那么说就有点瘪三了。因为上海的定位是“当好全国改革开放排头兵、科学发展先行者”（习近平主席2014年5月24日在上海考察时指示），更不用说上海还有一块“改革开放试验田”。

但是上海还是在2013年7月12日，发布了《上海推进大数据研究与发展三年行动计划》（2013—2015年）并宣布上海大数据产业技术创新战略联盟成立。而我受领导信任，光荣接任了秘书之职。一年来，从兴致勃勃到力不从心，倍感分裂，心说：怎么搞的，与我想象的一点都不一样啊！

我想象的是什么？还是那套我自己关于新经济的逻辑，新经济这个IT技术驱动的创新生态是个复杂系统，新的业态、新的企业是涌现出来的，或者说是“冒”出来的，一般都有“看不见、看不起、看不懂、跟不上”的出乎意料。大数据也是这样，我们除了能够确定大数据这个创新技术在云计算、物联网和移动互联网三者力量的推进下，会海啸一下，又将像水银一样渗入到所有行业，使得所有商业形态和政府形态都是“基于大数据的”，除此之外，我们都无知，我们不知道大数据会颠覆谁。它把苏宁搞死，还是把TCL搞死，还是房地产大佬先倒下；我们也不知道哪个企业会成为下一个阿里、下一个腾讯、下一个百度。而且延伸一点说，我们要盼望新的公司出现，而不是大数据更加强大了的BAT。更进一步说，如果没有出现新的企业，那么倒过来说大数据就不是什么创新技术，只是一种改良技术而已。更加自私地说，作为缺少BAT的“苦逼”上海，我们迫切希望借大数据可以出来一两匹“上海滩黑马”，在2014年以后的几年中，也在IT界横刀立马，重拾一下十年前网游、盛大和九城的风采。

因此，我想象中的三年行动计划是来创造不确定性的，是来搅一个大大的局，让上海IT界波澜四起，不得安宁，最后“鲤鱼跳龙门”也好，“鲶鱼出山”也好，总是出来我们意想不到的“IT财富英雄”。

但是总觉得这一年来的工作推进不太对头。联盟机构设置完整严谨，有专门的办公室，专家委员会，有项目协调组、技术组，等等，也有不错的经费支持。联盟的理事长单位、副理事长单位、理事都是“高大上”的，而且大都获得过2013年政府项目支持，覆盖了“产学研用”等方方面面，但是我总觉得似乎少了点什么。仔细分析发觉在大数据业界活跃的企业不多，18家发起单位中，学校和研究机构9家、协会2家、企业7家，万达信息、宝信软件是上市公司，主要业务是政府和企业软件开发，上海红神是做超算的，上海好耶、新分众应该都是“江南春”系的，中电科和上海电信科技也不属于业界说的大数据公司。这肯定不对啊，于是开展活动，按照大数据产业图谱来募集成员，到目前为止发展到70多家，最近估计可以发展到近100家，基本覆盖了大数据产业生态中的各个方面，有做基础设施的公司，如做内存数据库的云人科技，做Hadoop发行版的星环科技，还有做流数据服务器的恒为科技、泛腾科技和上市企业天玑科技，以及在BI领域很有影响力的华院数据；应用方面，有做汽车配件数据库的嘉之道、GIS方面的高德、互联网金融的点融网、多媒体互联网的百视通、虚拟大数据的盛大游戏，投资企业的中路集团，北京的天云科技也加盟，等等。机构多了，活动也多了，比如医疗大数据、可穿戴、互联网金融、电商大数据、交通大数据等各种研讨会。但是，产业联盟“一肩挑两头”，作企业和政府的桥梁，企业和政府都不满意！

企业不满意，活动是多，政府也关注，但没有挠到痒处。能获得钱吗？僧多粥少。政府数据开放？很难。数据隐私政策？很难。政府主管单位不满意，怎么没有可见度，没出来能够有明星气质的大数据公司、大数据项目？作为联盟的秘书长我也纳闷，挺上心的啊，这锅开水就是烧不开。

我闭门思过时候，仔细回头看了一下这个“三年行动计划”的任务目标：四个方面硬件、软件、12个集成系统、1000个人才丝丝入扣。最后落脚为八个字“支撑智慧城市建设”。我一下子就明白了：我们推进的是一个“建设”项目。项目分得很细，横向为医疗卫生、食品安全、终身教育、智慧交通、公共安全和科技服务等六大公共服务平台；纵向为金融证券、互联网、数字生活、公共设施、制造和电力等六大行业创新应用。这个项目可以称之为“基于大数据的智慧城市建设”，对“市长”来说是大数据智慧治理，对2000多万市民来说是智慧生活！

这个智慧城市的建设确实非常重要！

但是与原先设想的“大数据”产业好像关系不大。正如前面所说，大数据技术既然是颠覆性的新技术，那么老牌的公司不算大数据公司，BAT、Google、Amazon、Oracle及EMC都不算，尽管他们声称自己也是大数据公司！因为大数据的产业不分上海、北京，甚至不分中国、美国。

公认以“大数据”概念上市的公司SPLUNK是做企业数据分析平台的，是“analysis as a service”的新模式。被投资商关注的大数据企业有与Splunk类似的Sumo Logic，有Hadoop生态中做数据产品的Cloudra、Hortonwork，以及以MongoDB闻名的10Gen，还有做广告媒体分析服务MetaMarkets，以及做交通数据采集分析的Inrix。在国内呢？有做BI的永红科技、华院数据和华傲数据，有做行业数据采集分析的九次方大数据，有做媒体数据分析的勒卡斯、AdMaster、智达、品有互动，有做电商推荐分析的百分点、秒针，还有亿赞普、国双科技做运营商和IDC分析，还有更新颖的大姨妈做经期大数据，艾漫科技以大数据颠覆电影拍摄发行，汇法网试图颠覆律师业，今日头条颠覆新闻产业，看处方要颠覆传统医疗……

以上举出的17家企业中，3家公司在上海，Admaster、华院、看处方，占18%；1家在深圳，华傲数据；其他的都在北京。

分析了这些以后，就可以知道如果从产业角度看，从“四新”为目标来看，三年行动计划和产业联盟应该干的事是：分析为啥无论在数量还是质量上都比不上北京，然后有的放矢的“行动”使得三年后上海的大数据公司在数量上从18%提高到40%，产值也达到40%？

也许是我们应该脱离“××三年行动计划”的惯性思维，充分放手和搞活，才能“冲浪”大数据，才能政府、联盟和企业“三温暖”。否则专家们、联盟秘书们、政府领导们无论如何努力，就是“行不动”大数据新业态！

2014/8/11

这是《上海观察》的邀稿，发表以后得到很多反响，是“上海创新力缺乏‘之’系列”分析文章之一。也许对其他地方的类似情况是“乱枪扫射”，倒下多少是多少。

15

移动互联网的预言

2010/6/2

为什么要做预言？因为我现在干的是天使投资的事，不预言不行，预言错了也全盘输。所以为了自私，为了“master plan”的成功，我们希望未来的五年甚至十年，产业就是按照预言去发展的。

那这就是“天机”了，不可泄露的啊，为什么要写出来？是因为这里有一个更大的秘密：公布出来的预言，是有自我实现能力的。

一孔之见在2010年的六一儿童节说下如下预言：未来5~10年的新兴产业主题是移动互联网。这里有三个注释。

(1)移动，不是“中国移动”的移动，是人在移动中享用互联网的便利。因此更准确地说是“无线”互联网。

(2)用“互联网”，而没有用“物联网”，是因为对我们互联网用户来说，早就习惯于“网络那头的可能是美女，也可能是只小狗”，我能控制家里的电冰箱、微波炉，很自然。

(3)新兴产业，按照上述说法，应该只是互联网产业的升级而已，谈啥新兴产业。谈新兴产业是因为，互联网这个工具到了移动互联网的时候，才真正“嵌入式”地影响我们的生活。因此会颠覆很多传统的东西。

预言有具体一点的吗？有，也没有。这里列出几个“碎片”，就像万花筒里的彩纸，大家去组合，就可以出来一些清晰和新奇的图景。

1．生活就是输入

现在我的眼睛很累，长时间看东西，网页，视频等等。Web2.0还让我不断地输入文字。Google也是，我不输入它不工作。移动互联网，是我的知己。问寒问暖不说，告诉我什么时候该起床了，什么时候该补点钙了，该送个生日礼物给儿子了……但是别告诉我，移动互联网应该直接帮我订下礼物送过去。不难想象：我带着的手机，可以测体温，可以看舌苔，测量脉搏、体重身高，那更是不在话下。我走路，它知道我的速度，走到哪里。我开车，线路图它比我记忆还清晰。我吃饭，点菜确定菜单的时候，就提示我哪个菜别吃，有碍身体。好了，我的日常生活就是输入，而输出，最多3条。

2．我的位置在哪

在信息爆炸的时代，我要清净。我只关心与我有关的事情。尤其是身边的事情，朋友的事情，最多是朋友的朋友（FOAF：Friend Of A Friend）的事情。这个“身边”是LBS（Location Based Service）位置服务，是基于物理位置的，也是基于我的社会位置的。那什么是社会位置？我不知道。但是难道你没有觉得，社会位置会越来越重要吗？如果删除了你的MSN帐号，你在MSN这个社会中就死了。

3. 我要答案，不是Google

Google的“小白脸”首页，是它的专利。我们输入一个词，它给你列出成千上万条结果。让你自己去点击、翻页，准确不准确，是不是你想要的，大部分是用户自己的事情。到头来，可能还要说：“你自己不会搜索啊。”

而移动互联网，我们只要一个答案，最多也是给出三个供我选择。因为屏幕有限，而且我时间也有限，我移动着，要马上做决定。而输入呢，最好我不输入，你就知道我要什么。比如到了12点，你当然应该提醒我去吃饭，去活动活动，因为GPS知道我从9点到12点，没有离开过办公室。

4. 城市化和网络化的对立会是“东方文明复兴”

我们生活在城市中，城市化的步伐是如此的坚定。越来越多的人被聚集到钢筋水泥的城市中，每平方米的土地面积中，生活了越来越多的人，人头攒动多繁荣啊，恨不得天天“世博会”。而网络化本来的力量是消解人与人之间的空间隔离的，“网络地球村”，住在哪里都是在网上。城市，是现代文明的标志。网络化也在消解经典的文化和艺术。信息爆炸下的BIT，在凤姐、芙蓉姐姐、伪娘每人出名只需5分钟的喧嚣中，多少信息是垃圾？99%，还是99.999%？《莎士比亚》《红楼梦》显得越来越珍贵了。

也许是到文明复兴的时候了。移动互联网，是不是能够让人们回归“东方文明”？

2014/8/7

没想到四年前我如此敢于预言。现在去看4个场景，蛮有趣。一是“生活就是输入”，这一条，现在还没有做到，移动互联网做到了“附近搜索”，比如“点评”和“百度地图”有附近的搜索，淘宝和豆瓣的电商推荐了一些“我可能感兴趣”的物品，但是都没有达到生活就是输入的地步；第二是“社会位置”的提法很有意思，我觉得这个说法可以进一步展开成为一个创业项目；第三是要答案，而不是“Google”，与前面两个基本一致，也没有达到。不过现在的解决方案似乎出来了，就是可穿戴和智慧家居。第四个场景，很跳跃地提出了“东方文明”，最近我自己有很好的深入，那就是以“家”为局域网的分布式网络，可能是未来的互联网一个新模式。

预言正在实现。

16

我的手机我的网

2012/4/23

有一期《头脑风暴》的题目是“移动互联，是机会还是陷阱”，需要大家都描述一下什么是移动互联和自己最喜欢的移动互联网应用。我写的是“我的手机我的网”及“微博”。

《头脑风暴》的选题，实际上是对准目前移动互联网中出现的“泡沫现象”，尤其是在还不知道如何收钱的Instragam被Facebook以10亿美元收购的时候。国内情况也有点类似，比如下载量过千万的“墨迹天气”、过百万的“航班管家”，创业团队依然对如何收费、如何盈利讳莫如深。

这个泡沫现象在互联网界已经不是什么新鲜事。用发展的眼光看，泡沫并不是什么坏事，甚至说泡沫是一种高增长的期待造成的，包含几个因素，一是技术创新打开的无限想象力，二是资本对高风险高回报的追逐，两者合二为一，就是人类一直以来对创新者的鼓励，只是现在的鼓励大大提前了，不像当年爱迪生必须要通过GE公司做成一个赢利的公司以后，才得到实实在在的回报。

这种知本和资本的结合机制，说到底是创新的证券化。

“移动互联，是机会还是陷阱”的问题，如果从股民的角度看，你会有新的看法，就像中国股市具有很纠结的中国特色，中国股市对于热情无限的绝大部分股民来说，赔钱是常态，赚钱是惊喜一样，中国的“创新证券化”，恰恰是陷阱多于机会。因为中国大陆的移动互联网生态中，那些“大鳄”们依旧野蛮。

比如，大家很清楚，在中国，绝对不会出现Facebook以10亿美元收购Instragam的事情。可能会发生的是两件事情，一是Facebook用自己的团队copy一个“Instragam”，二是Facebook干脆高薪挖墙角。大家很清楚，是我们3亿用户让腾讯很荣幸成为中国互联网的成功代表，也很不幸地让他带来了互联网生态。

最近“3Q”大战又打响。这次周鸿祎在腾讯的地盘打官司，更加具有令人尊重的意味：反垄断是一个事关生死的大事，尤其是在移动互联网时代。

反垄断及腾讯的事情，很多人有很多的说法，但是在我看来，把企业当成一个有生命的人，这事就很简单。我们小时候穿开裆裤，如果内急，在大庭广众之下解决一下小便问题，这很正常；当我们长大成人了，这样做就不成了！如果你还那样干，而且边撒尿边指着边上穿开裆裤的小孩说：“他能干我为啥不能干。”那么你要么被保安带走，要么被精神病院带走。

手握几十亿现金，掌控几亿用户的“大佬”，已经长大成人，他们不应该野蛮幼稚到“被保安带走”的地步，他们应该有用10亿元人民币收购一个“图钉”的“成人”行为。我们一直在期待这种行为出现，听说网易和百度已经开始了。只有在这样的生态下，创新的证券化过程才是正向的。

在快速成长的移动互联的时代，这种生态尤其重要。但是从创业者的角度看，认识到移动互联网与互联网的不同，也同样重要。

目前用户对移动互联网的理解基本是一致的，就是手机上网。手机上网与计算机上网有什么不同，其核心是什么？答案不妨称之为PBS，就是Personal Based Service。这里有两层意思：

一是为我服务，不是我要什么，是你知道我要什么。

二是随时随地为我服务，我在不同的时间、不同的地点、与不同的人在一起，要求不同，你要知道并且及时提供。

这里的“你”是创业公司，也不是创业公司。宏观地看，是Kevin Kelly说的那个已经7000天的计算机网络。微观地看，是基于云计算和大数据的业务模式。

移动互联网，有点回归的意思。当年IBM定义的PC是个人电脑的意思，其中“个人”的意思，到了移动互联网才真正得到体现。从Web1.0到Web2.0的UGC，到Web3.0的语义网，逻辑是很清楚的。

谁能够深刻理解和做出“我的手机我的网”？现在能够看到的是真正开始做的雷军，以及吵吵嚷嚷要做的罗永浩。

2014/8/7

二年过去，腾讯以“革”自己“命”的勇气，神一般地推出微信，当年的微博现在命悬一线地“微微博动”。

所以当时节目题板上写下的微博没想到那么快就凋零了。今天我的小米2刷了MIUI-JBL36.0后忽然多了一个APP图标是“小米生活”，看来雷军真的是在做“我的手机”，而且是为了“我的网”而做手机。而吵吵嚷嚷的罗永浩遇到了麻烦，方舟子终于狠狠报了一仇，2010年8月肖传国的那一“锤”，4年以后反弹到“情怀”手机上。

江湖！

17

不打电话

2010/9/25

我自己的经验是，电话费在下降。原来只有一个号码，现在有两个号码，但是总的话费是依然下降的，从20世纪90年代话费需要1000多元降到现在300多元。相对而言，短信和上网费在总通信费中占的比例却是直线上升的。

我偏爱短信有两个原因，一是常常在会议中无法接听电话；二是因为短信清晰明了，而且可以保存，是告知地址、会议等事件的最佳方式。对于后者，有一个反面的案例是在台州发生的，应该是前年的事。我从高速下来已经天黑了，准备去朋友约好的饭店吃饭，GPS找不到那个新开的饭店，于是我就电话问（开车别短信），一个本地的朋友用当地口音的普通话告诉我先左拐，会遇到几个红绿灯什么的。我照例打断说："请你发个短信给我。"但他坚持电话，说这个很好走的啦，不远的，又是过什么路口，看到什么右拐什么的。我边开车边听电话，还要注意他说的路边标志。我只能勉强记住3个拐弯，到了后面又迷糊，于是又打电话问，朋友又是一通描述一通“很简单的啦！”，这样来回三四次，我都生气了，就说您能不能发个短信啊，他还是很热情地说：“你听我说就是。”如此这般，10公里不到的路，转了50分钟，食欲全没有不说，还因为他说的“很简单”，觉得自己的智商很低！

使用短信就不会有这个事情！

比如，碧波路572弄一直不好找，我就写了一条常用短信——地铁5号口出来，往西过联想大楼，碧波路右拐，报亭对面是572弄，往里走过“丁”字路口50米，右手边拐进来第一个楼就是。50多个字，来一个朋友，我就发一条。保证不会有找不到的。

手机通话量减少的趋势是全球性的。

尼尔森的数据显示在2007年达到高峰以后，人们的平均手机通话次数在逐年下降，通话时间也缩短了。在2005年，平均通话时间为3分钟；现在的平均通话时间则接近1分半。

无线行业协会美国无线通信和互联网协会（简称CTIA）的数据显示，全美手机用户去年人均短信发送量增长了近50%。2009年全美短信、电子邮件、流媒体视频、音乐和其他移动服务的数据总量首次超过了手机通话的语音数据量。

美国皮尤研究中心（Pew Research Center）互联网及美国生活项目（Internet and American Life Project）的数据显示：美国青少年已将手机变身为短信机器，超过一半的美国青少年每月发送约1500条短信。

这个趋势对产品设计来看，有什么提示？ Qwerty全键盘的Nokia E71

系列手机为什么畅销？麦克风和耳机的设计，是不是应该改一改了？要么是高保真，用来听MP3，要么就用一些便宜一点的芯片。是不是应该有一个语音识别的专用手机，当人们进入汽车的时候可以启动，用来发短信？现在的输入法是不是有改进的可能？在触摸屏上用那么粗的手指头点击，全键盘问题“大大的”。

细节是魔鬼，对于电话越来越少的那个“移动电话”，我们的设计者是不是该思考一下，因为可能用不了几年，那个东东已经不叫“电话”了。

当然现在也有“煲电话粥”的，统计说是两类人，一是业务员，二是情侣们。这些用户，要关心的可能不是方便不方便，便宜不便宜的问题，而是健康问题。有报道说，在解放军总医院口腔颌面外科就诊的姜小姐被确诊得了“腮腺肿瘤”，而且也确证为这是每天都“煲”电话粥的结果。她常常打电话打到手机发烫，“四五年我已经打坏了七部手机。”

情侣手机，看来也是一需求，建议用耳机。

2014/8/7

有了微信，“不打电话”愈演愈烈，甚至不发短信了！但是神奇的语音又回来了，只是变成了对讲机的“单工”模式，在语音和文字之间的转换现在还不够无缝，需要几个工具切换：语音输入变成文字，一堆错别字不忍卒读；把文字变成语音，即使是“林志玲模式”，也是怪怪的。

从移动电话到手机，把手机说成是“手中的计算机”的简称，也许是最合理的。而在“可穿戴”趋势下，这个手机的“手”字，也不一定保得住，因为一块手表就可能替代之，以后可能是“腕机”。

18

APP的三个推论

2010/4/23

联通在大力推广iPhone，电视上的广告说iPhone已经有10万个应用程序，几乎能做任何事情。这就是iPhone。

实际上，到今年（2010年——编者注）3月，iPhone上的应用程序已经远远超过10万个，“截至2010年2月28日，App Store应用总数达158 378个，其中应用程序133 666个，游戏程序24 712个。”不光是这个软件商店火，全球还有6个软件商店都蛮火。iTunes App Store、BlackBerry App World、Google Android Market、Nokia Ovi Store、Palm App Catalog及Mobile Windows Marketplace。

但是最火的当然是苹果，2008年7月开通的苹果AppStore软件商店到目前为止已经卖出超过20亿个软件，市场覆盖全球77个国家（包括中国），iPhone和iPod touch用户数已达5000万，参与iPhone和iPod touch软件开发计划的开发者和开发商数量则超过12.5万。就是说有12500个开发商在iphone上淘金，其中80%是创业公司。

那么他们挣了多少钱？报道说，塔防类游戏《植物大战僵尸》在iPhone（手机上网）上销售的前9天获得30多万的销售量，为开发商PopCap Games带来100万美元的收入，创下苹果App Store应用商店的纪录。

还有很多“传奇”故事。但是，我越来越不看好这个模式了。起码如果有人说要去创App Store的业，我不会全力支持，而是要泼点冷水。如果他还说要在中国移动或联通的类似“应用商店”创业的话，我会狠狠地泼冷水。因为，我有理由觉得这个App Store已经是”红海“了。

一是需求问题，我真的需要那么多的应用软件吗？

反正我不太会去下载游戏和软件。现在的智能手机，买来的时候，就已经内置了很多的应用软件，比如我用的HTC HD2、Nokia e71和e61，它们都有很多的工具软件，但我基本用不上。无论是智能手机还是普通手机，我的10个应用排序大概是：电话、短信、MSN/飞信、Mail、拍照、日程和闹钟、词典、录音、上网、当U盘。

最近用的HTC HD2屏幕有4.3寸，而且是Mmobile的，所以我拿它来看office文档的时间多了。其中还多了一个HTC sense相关的游戏，就像《新警察故事》里成龙女朋友手里托的那个炸弹，必须保持水平，不让小球掉到小洞里，我有时会玩一下。我的HTC里安装了YouTube和Twitter，如果在美国，我估计会激活它，但在大陆，做罢也不遗憾。所以如果还有“土豆”什么的，我会下载一个。

看视频可能是我第11个需求。

但是有人会去下载软件吗？我问过身边用iPhone的潮人，好像几乎没有人下载应用软件。

二是付费问题，我会付费吗？

不太会。两个原因：一是这些小软件是买来的时候原装的，要付已经付了；二是我相信如果这个软件很有用，肯定可以找到一个免费的替代品，更何况在盗版盛行的现在。

事实上也是如此，免费软件会成为这些软件商店的主流，六大商店中，“Android Market以57%的免费软件拔得头筹。Palm的App Catalog位居第二，免费比例为32%，苹果以25%的比例占据第三。第四为BlackBerry App World占24%，Windows Marketplace的比例为22%和诺基亚Ovi Store只有15%。”

应用商店，往往与智能手机相关，智能手机又往往比较贵，与商务人士相挂钩，如果这样，我的个案可能是有些代表性的。于是可以大胆地预测一下中文市场中软件商店的未来有两个特点，一是免费为主；二是不要那么多应用程序（游戏市场俺不懂，开心网我就没上去过）。由这两个特点，出来三个推理：

推理一，我们不太会有应用商店。由厂家搞不行，运营商们搞更不行。由厂家搞不行的原因是不会有一个厂家的产品能够像iPhone一样，一个型号能有如此巨大的销售量，因此开发者辛辛苦苦把应用移植过来，却卖出区区几万部产品，利润还不够支付工资的。运营商搞也不行，除了手机型号太多以外，垄断思维就是这个应用商店的障碍。

推理二，深度定制是应用出路。特色的应用肯定是与硬件设计结合，比如HTC的sense。生产商做出有特色的定制手机，由电信运营商或其他运营性质的机构发放到用户手里。比如GPS业务跟踪的物流手机，有传递Kiss功能的情侣手机、交友手机，能够测试紫外线强度的女士手机等。

推理三，应用开发者的收益，不是来自软件销售，而是分成。一是运营商分成，二是广告分成。而后者是最主要的。这是iPhone发布OS4的时候把iAd作为一个操作系统级的功能推出的深远含义，也是Google应用商店的“杀手级”业务模式。

有人把“杜拉拉”说成是广告大片，包括立顿红茶、诺基亚手机、马自达轿车等大品牌在内，影片的植入广告收入约五六百万元，抵消了影片投资的四分之一。

我们的应用开发者，要向徐静蕾学习，做好广告接口！

2014/8/7

四年前对APP的三大预测，现在看来有点无厘头。

APP没有我当时预想的那么悲观，两个基本点就有问题，一个基本点是**免费为主**，这点没错，但是免费不等于不赚钱，广告和流量变现变成基本收入；第二点，**不需要那么多APP**，这一点有很大的出入，据说现在苹果的APP数量达到60多万，Google的"安卓市场"也有这个数量，而且还在增长中！

因此这三个推理变得很歪。

为什么我当时会觉得应用不需要那么多？

主要有三个误区：一是**没有考虑游戏的潜力**（在付费应用排行榜上排名前10的应用，每天大概可以赚到4.7万美元）；二是**低估了手机和电脑之间"碎片化"差别的巨大潜能**，它把某一个电脑里一个软件能完成的事，碎化成100个、1000个，甚至10000个。还有一个更大的误区是APP**有极强的寄居功能**，或者更确切地说"**寄居异化**"功能，可以异化出来一个app-based applications。

我打开现在小米2，原先说的前十个应用是"电话、短信、MSN/飞信、mail、拍照、日程和闹钟、词典、录音、上网和当U盘"，现在是"微信、微博、通信录、电话、邮件、拍照和图片、日程、Keep、百度和上网。"

还是没有游戏，看来我老了？

19

微博的未来

2011/2/13

最近微博很火，Sina、QQ、搜狐似乎都很火。李开复老师不失时机地推出17万字近200页的《微博改变一切》，成为很多“开粉”的春节读物。我没买，只在“当当”上看了目录。不过相信开复老师的微博体验够真诚，而且很实用，因为我自己开通微博成为他的“粉丝”后，常常看到他关于如何成为一个“好”微博的指导意见，比如：上班时间发正式一点内容，晚上发一些轻松的话题，不要太密集的“微博控”，等等。

2010年11月24日下午3点发的内容“今天iTalk，方兴东来。张江，博雅酒店。”后来觉得很有趣，就成了微博控，尤其是发觉手机发微博很方便。到目前共发了728条，几乎平均每天10条。过了春节，频率减少，不是因为忙于走亲戚，而是我的热情似乎开始下降了。

于是我想，微博会一直火下去吗？微博真的如开复老师说的能“改变一切？”梳理一下，似乎有一定的问题。微博是一个140字的带SNS特征的新媒体，它能不能颠覆媒体替代媒体，还是一个未知，更何况“媒体能改变一切？”

微博这个媒体的核心是**收发个人化、效果可知化、即时消费主义。**

收发个人化是指你可以随时随地地发送、收看、转发、评论，很方便，尤其是140字的限制，释放了大家的发布热情，就像夏日海边很多人无视身材泳装上阵。

效果的可知化是指你发的这条信息的媒体效果自己可以看到，有多少人评论，多少人转发，等等，还有就是你有多少粉丝，假如你有时间，可以去看所有他们的微博主页。

即时消费主义是指你发的这条消息的生命周期或生命值很短。一条微博，即使是最“牛叉”的微博主发出的，存活的时间估计在2~3天。因为我们没有时间去挖掘一条2年前的微博去评论和转发，我们看还看不过来呢。

来看看我们在消费谁。

新浪微博的第一名是《武林外传》中有“排山倒海”绝技的、用离婚来止“七年之痒”的“大嘴”姚晨。她的粉丝有5 815 771人[1]。2009年9月1日下午3点半开始到今天她发了3032条微博，日均6条，她的第一条是“支持朋友的新店‘乐宠’一起善待小动物”，很私人。

李开复老师是第9名。他现在有粉丝3 546 268人[2]，他比姚晨早3天开的博，共发了1879条，日均4条。他在2009年8月27日下午3点11分发的第一条微博是“祝贺新浪微博上线”，很专业。

任志强同志的日发博数量很惊人，他从2009年12月18日到现在共发了11 542条，日均29条，他老人家的粉丝有2 934 309人[3]。我是他的“粉

1，2，3——2011年2月13日数据。

丝”，他的微博主要是三个方面的内容：一是他的本行，对宏观经济和房地产的观点；二是他读书、修身养心的体会；三是他老妈住院手术以及与小潘（潘石屹）之间的友人调侃。

如果定义微博就是个人媒体的话，那么这是名人的个人媒体，其中包括民间的意见领袖，而不是普通人的个人媒体。微博民间意见领袖实行实名制，带来了信用保证。“他们以名誉保证，他们在说真心话。”这一点，是微博最核心的生命力。

所以微博用户还是会分成为少数的微博客和绝大多数的沉默者（不发、少转发、不评论）。如何这个推论是对的，微博已经是功德无量了，尽管它不会改变一切，但至少说明有两点：

一是作为沉默的大多数，我们多了一项日常消费“新”习惯，就像每天看电视一样；

二是作为意见领袖们，除了出版、演讲以外，多了一条生财之道，那就是广告。好莱坞时尚名人金·卡戴珊（Kim Kardashian）在Twitter上发布一条信息就能获得1万美元的收入。而他们想用“意见”甚至“异见”去影响几百万粉丝的初衷，就让我们把它叫做“企图”吧。

尽管发明微博的Jack Dorsey用Twitter来发起媒体民主化，辞职后又创立Square发起“支付”的民主化。但他为什么辞职呢？难道他已经觉得Twitter已经不是他的初衷了？

2014/8/7

如果今天谈微博的未来，也许有人会说“微博有未来吗？”

世事难料，2014年4月17日独立上市以后的微博，尽管现在确实很尴尬，但是我一直觉得它是有未来的。它的未来依旧是媒体，不管是自媒体，还是他媒体，是视频还是“今日头条”，微博能够从“网络大V”的打击中重新站起来，上心做媒体，我觉得是可以的。不过有一点倒是蛮奇怪的，微博的中空力量是中年人，这一点也许会是微博很好的利用点，去掉喧嚣，变得有观点。

20

星巴克和云计算

2011/1/7

2011年1月6日，第二次参加需要正装出席的商用软件年会。我客串主持圆桌论坛，嘉宾有Epicor的泰文彦、Altium的沈宇豪、IDS Sheer的洪中（他们三个都是各自公司的大中华区总裁），还有北京华胜天成的林欣、南京富邦投资的刑修义（他们都是CIO）。

一直没有特别明白什么是商用软件，洪先生给我一个科普：商用软件就是Software About Business。还是有些不明白，从很多商用软件的排名中，管理类软件SAP、Oracle、金蝶和用友都在里面。看看“天空软件下载”和“华军软件园”，其分类似乎比较一致，有网络工具、系统工具、应用工具、联络聊天、图形图像、多媒体类、行业软件、游戏、编程开发、杀毒安全及教育教学等，其中行业软件，又分为证券股票、商业贸易、财务管理、行政管理、CRM及保险行业等。

是不是商用软件可以分成管理软件、工具软件及定制行业应用？或者企业单位买回家自个用的（包括按自己需求开发的），就是商用软件？对照电脑中商用电脑和家用电脑的分类，Google、QQ等就应该是消费类软件。

而云计算是发端于消费类软件的。这些软件在普通人眼里，不是软件，是服务。因为我们不会因为天天用Sina，而去买一套Sina软件。但是实际上，新浪网的核心是一大堆软件开发人员。所以如果是按照概念来说，互联网的每个应用都是SaaS（软件即服务）。这类消费类软件的还有一个特点是免费，或者几乎免费（包月包年），或者是转移消费了（你在看广告）。

当大家开始习惯这种SaaS的在消费类应用软件，习惯于“Free”的时候，消费类软件就开始往商用软件领域进军了。Google的office、Salesforce的CRM、Webex的“视频会议”等，甚至还有其他创新的应用，比如备份、云安全之类。当Google推出没有硬盘存储的Cr–48上网本的时候，商用软件“买回来自个用”的传统被彻底打破。

所以这次商用软件年会上，大家开始集中讨论的是云计算。而在这个领域中，讨论的云计算主要是围绕“买回家自己用”这种商业模式带来的冲击，而且明显有一些被动应战的味道。毕竟大家都明白，云计算作为一种软件交付的方式，已经是必然的了。

正如几位嘉宾所说的那样，就像现在已经没有企业自己买一台发电机组，将来大家都会按需使用软件服务，按时缴费就是。

云计算作为一种新的软件交付方式出现，会带来商用软件企业自身的很多挑战，比如在管理上、客服服务上，甚至在财务记账上都是挑战：原来我卖一套软件收入10万元人民币，现在签订一个客户，当月就只收回5000元。对云计算技术的讨论，在这个会议上很少。但是我想，这个挑战也许更大，因为要改变原来的商用软件，从架构到代码可能要重新来过……因为我们的用户也在变，变得很“消费主义”。

圆桌论坛上，SKF的张良伟提出一个非常好的问题，尽管这个问题，有“买回家自己用的”商用味道。问题是“应用软件安装在不同的客户端，可以满足不同客户个性化的需求，而云计算这种方式将一些软件系统和数据部署在云端，客户端只需要一台显示器和网络环境即可使用软件，速度增加、成本降低，但是个性化需求却得不到满足，这是否与变化多端的柔性市场环境需求相违悖呢？”这个问题，我替现场的五位专家回答了。一是所谓个性化是伪命题。互联网环境下，大家看到的现象是一双UGG可以一夜之间遍及全国各地的大中小城市。二是我支持Google的另外一个云计算思路——云端计算，就是还有一个越来越智能的移动终端，有了这样的双核、32G闪存的智能终端，你可以从这朵“云”获得85度的热水，那朵“云”得到古巴咖啡，然后是“Yellow sugar”，最后在你的智能终端上调成一杯“你的咖啡”。

买咖啡机咖啡豆，回家煮咖啡，还是去星巴克选一杯咖啡，还是干脆租用illy咖啡服务？

这是咖啡问题，也是IT问题，是云的问题。

2014/8/7

去年年底的一个日子，2013年12月18日，在中国的云计算历史上值得铭记，亚马逊、微软、IBM、SAP等外资云计算服务已经全部进入中国市场；阿里、腾讯、天翼等公有云玩家不约而同地选在这个好日子，或发布联盟合作，或启动岁末大营销活动。

云计算在GARTNER的“Hyper曲线”上的位置有变化，而且很奇怪的一分为三：一是云计算（公有云），二是私有云，三是混合云。最近大数据的叠加让云计算显得更加重要，其基础设施的“范儿”开始出现。而基础设施的变化，其外部溢出性是无法估量的，在未来几年中，云计算可能变得不够性感，但是它带来的“按需计算”，会带来IT模式的变化，我们拭目以待。

21

云在天 水在瓶

2010/3/24

1000字以内说云计算，是个挑战。好在有药山禅师的“云在天，水在瓶”的点化。

云计算，有人说是“晕计算”。这就对了。

因为只有到了云计算，计算机和互联网的发展才走下神坛，与“水、电、气”等一样成为你我生活的必须品。而水、电、气实际上都是“云模式”的，如果深究起来，也是“晕模式”。比如电，对我们来说开关一摁，灯就亮了。但是您知道这电是哪里发的，什么电机发的，是核电还是水电还是风电，甚至太阳能，说不定是三峡水电发的。发出的电，是如何传输几千公里，为什么是超高压，中途安装了多少个变压器。这个电千辛万苦地到了我们的家里，从一个总开关开始，又是如何像蜘蛛网一样布满家里的角角落落的，你知道为啥空调的电线和插头要粗一点？好了，那么复杂地了解下来，也要“晕电”了。可是我们对电，没有那么去较劲，就是伸手“滴答”一下摁开关。当然也是因为我们的电力公司、国家电网公司，我们的三峡电厂，从来不来到我们这里说这个电是高科技，是新经济，是如何发出来的，如何传出来的。他们只说明天起，电要涨价了。

从这个角度看，比起电力系统来说，计算机、网络等IT从业人士是比较“晕”的，聪明而不智慧，搞了那么多年才醒悟过来：什么计算机服务器啊，什么CPU、操作系统、内存啊，什么网络、网站、IP地址、TCP/IP啊，都省省吧，一言以蔽之——云计算。

我们每人一个手机搞定一切。因为这个手机是“云计算”的：通过各种网络，连接分布在世界各地的上百万台服务器组成的“云”上。“这个时候，我们的手机就是一台大电脑，甚至是一台超级计算机。”Google的CEO就是那么说的。

举个例子，我们在超市看到一个商品，想买，一看标价350元，不知道价格是不是合适，于是拿出手机对着条形码一扫（或者一拍照），摁一个“比较价格”的小软件，几秒钟后，手机里显示：“这个商品上海地区的最低价320元，最高价366元，平均价格是354元。”这个结果是云计算的结果，这个模式就是云计算。其中有三个关键点：

（1）小软件：可以叫它“云端软件”，它由两个部分组成，在手里安装的部分，叫端部分，其主要功能是把我们的需求输入到“云”中；另一部分是云部分，它在“云”中，安装在服务器上，负责计算和返回计算结果。

（2）网络：不管是移动还是联通，还是超市里布置的免费无线网，总之网络很重要，否则需求无法输入到“云”里，计算也返回不了。

（3）云：实际上包含两个东西，一个是海量数据和超级计算，就是很多的服务器（常常以几万台计算），以及海量的存储（多少P的数据）。还有就是把任务分配到每台服务器、硬盘的任务分配系统，以前叫并行计算系统，也有叫网格操作系统的，是个软件——这是最最重要的。

刚才说的小软件的“云部分”接收到“价格比较”的任务后，就要调用这个商品的价格数据库，这个数据库是海量的，而且老在变，它包括在上海的各大超市如Walmart、易初莲花，农工商，还要有Alldays、联华，甚至要有淘宝网上的价格。这些数据库也是分布式的，有的在闵行、有的在杭州。然后就是两个计算——价格排序和平均。比如100万个数据的排序和平均，需要1台普通计算机计算1个小时，如果分配到100台服务器上，可能1秒就“OK”，于是我们的手机上2秒钟以后得到我们要的结果“最低价320元，最高价366元，平均价格是354元”。我们不知道是哪台服务器用哪些数据算的，我们不需要知道，我们主动“晕”就对了。

就那么一个“价格比较”的应用，可以看到云计算与我们现在用计算机写文章（单机）、用OA办公室自动化（局域网）的巨大差别。现在的计算机、服务器、网络等都要“被革命”，革命的根据地就是刚才说是最最重要的那个系统软件。各大公司决战在此：Windows Azure（蓝天），IBM的blue cloud（蓝云）、Amazon的Eucalyptus（弹性计算Elastic Utility Computing Architecture for Linking Your Programs To Useful Systems）、Yahoo的Hadoop，还有10Gen、Enomalism等。

所以让我们这样去思考“云计算”：当我们的手机24小时连接着看不见的“云”（海量数据和超级计算）的时候，信息技术就像电和水一样成为必需品，是基础设施。信息产业成为国民经济中的主产业——应该是“国企”。

2014/8/7

在“国企”这这个事情上，不幸言中，作为基础设施的云计算，其安全性受到国家级的关注，这个安全是系统性的，不单单是CPU、服务器、存储等硬件，还有OS和数据库等软件，还有网络系统，等等，这与用国外设备搭建一个“中国移动”，不是一回事。

22

迷茫云计算

2010/12/24

忽然就圣诞了，到年底了。

因为云计算和物联网，2010年是“云里雾里”的一年，无论是在IT圈，还是在股票市场上。

年前写过一篇关于云计算的“千字文”，经过一段时间的“腾云驾雾”，终于尘埃落定，对云计算和物联网的认识清晰了不少。这篇文字算是总结。

一种新的技术，尤其是IT或者ICT技术的发展，总是在以降低成本作为理由。当然，它的后面藏着的是用新的设备和软件来进行全面的升级或者替换，这些需要比原来更多的投入。比如我们现在5000元的笔记本的计算能力，相当于15年前100万美元的大型机，这是我们从8088的IBM PC，替换到AST的286、Compaq 386、Dell 486、Acer 586等一路抛弃一路升级上来的。另一方面，对用户来说，便宜了，就会无所顾忌地使用，比如汽油便宜了，大家就开着悍马上街了。因此新经济会同时带来投资和消费的双增长。

云计算，就是为了降低大规模、动态互联网应用下的数据中心成本。

第一，互联网应用的大规模和动态性导致成本不可控。一个例子是Animoto，它是Facebook上的一个制作视频的应用，在Facebook亮相后，在三天内Animoto后台服务器需求量从40台猛增到5000台。但是不到3个月，客户热情消退，门可罗雀，上百台服务器就足以支撑。如果没有云计算，这闲置的5000台服务器搁哪啊。

第二，动辄上千、上万台服务器带来的基础软件成本剧增。以前ERP应用只需5~10台服务器，买微软的操作系统、Oracle的数据库、IBM的websphere每套几十万，成本也能够承受，但需上万台服务器的时候，就必须考虑新的软件架构。

第三，上万台服务器都是24小时不宕机工作的，每台服务器300W，一个19寸42U的机柜，最多能放1U的超薄服务器40台，重量达到800kg。如果有300个这样的机柜呢？你可以想象其管理难度、耗电量及空间成本。

云计算就是为了降低第一和第二个成本的，第三个方面现在没有太多的解决方法，或者不是现在的云计算覆盖的范围内，尽管有人已经在做高通量服务器CPU了。

解决第一个问题，云计算采用了“按需付费”的电力供应商业模式。

美国联邦政府下拨710亿美元作为IT开支。Google为了获得这单大生意，就说买我的云计算吧，CPU内核使用1小时收费10~12美分，每1GB存储收费15~18美分，我还奉送GoogleApps。有人测算，这样一来，IT开支可以削减一半以上。

解决第二个问题，云计算采用新的软件架构。软件架构现在有三大流派，Google（源自yahoo）、Amazon和Microsoft。新的分布式数据库和文件系统，甚至新的编程工具都已浮出水面。这次在（本周三）“iTalk”演讲的吴朱华，就单挑巨头开发了精简版的HBase，其名字是YunTable，再以此为基础，结合一个SDK和YunEngine，搭建我们自己开发的PaaS。

为什么云计算会如此大规模地受追捧，被说是革命性的？打个比方就知道，发电机时代，我们每个村自己发电机自己发电自己用。现在电力公司把电拉到小区、拉到家里，发电机放在哪里我们根本不“care”（关心）。电力公司对发电机厂家来说，是革命。对我们来说用多少电就付多少钱，比自己置办发电机方便便宜。因此云计算肯定会成为主流的IT模式，尤其是当物联网也发展起来，就是不单单人连在网上，家里的冰箱电视都连在互联网上的时候，那种大规模动态性可想而知。那么就出来另外一个问题，在中国云计算的发展存在的问题是什么？

一是网络问题，当我们手机信号短短续续的时候，当宽带的价格是发达国家的27倍的时候，后台的成本已经不是主要问题。

二是道德问题。当保险公司可以把我的数据卖给垃圾短信的时候，当油价想提到7元就能提到7元的时候，谁敢把自己的数据和应用绑死给一个“云供应商”。

三是核心技术问题。这个太显然了，不谈了。

看看这“一二三”，再看看全国“乌龙云密布”。云计算，是清醒中的迷茫。

2014/8/8

现在是“云开见天”的时候。

云端应用，已经成为大家的习惯，无论是私有云、公有云还有混合云，都已“翻云覆雨，水流满地”。大数据是什么，是各种各样的配料，比如各种面粉、茶、咖啡。这个时候流下来的就不单单是水，是各种你想要的服务。

对各类创业公司来说，似乎也是“云开见日”的，比如YunTable拿到了天使投资，从盛大云出来的两个团队Ucloud和七牛，都拿到第3轮投资了，好吧，走好。

23

场景计算（Context-Aware Computing）

2012/5/9

一项新的技术、一个新的产品，其普及程度和速度，往往由很多因素决定，但是在IT这个喜欢不断推陈出新的领域，在HTML、CAD、PC、HPC等“头文字”组合的领域里，似乎有一个好的名字成为了关键因素。

一个当前当红的例子是云计算替代网格计算，物联网替代无线传感网以后，这些名词一下子变成了大家的口头语，即使大家对其内涵、商业模式至今还是“云里雾里”，但是一下子就接受了“云计算、物联网”肯定是高技术方向的设定。这个现象让在网格计算（Grid Computing）和无线传感网（WSN: Wireless Sensor Network）领域奋斗多年的产学研人士们“大跌眼镜”，成为“苦逼”一群。

本文标题中的“Context-Aware Computing”，可能是继网格、无线传感网之后第三个需要大家给它一个好名字的技术，否则它会被“剩下”。因为学术界的名字实在是很不性感，很拒人千里，“Context-Aware Computing”的中文术语是“上下文感知计算”。这个名字显然不好。

什么是“上下文感知计算”呢？说通俗了，就是很简单、实用的应用。比如你是张江集团的员工，你上午10:30分在浦西的浙江中路有一个会议。那么你的手机或者电脑会在9:30分提醒你要出发了，因为手机GPS知道你在张东路，而且知道你平常开车比较多，它根据目前的张东路到浙江中路398号的线路交通拥堵情况计算出行程大概需要1个小时；当你9:40分还没动静，它会提示您开车来不及了，为了保证时间建议坐地铁。好了，等你终于听它的，坐了2号线地铁，它提示你到南京东路4号口出来，顺着它指示，右拐走50m，再左拐走500m，就到了。会议11:30结束，是吃饭的时候了，手机会提醒你，附近新开了一家湘菜馆，有折扣，而且它也知道这个时候刚好您的一个朋友也在附近，它会提示你是否邀请他共进午餐。如果你点击“OK”，那么它会发出邀请，得到回复后，去餐馆下单订位也是很简单的事情。之后，它会进一步提示你最好在12:45分结束饭局，因为你刚刚收到一个张江集团的办公网上的文件需要处理……

有这种功能的手机或者手机应用，是不是很不错？再举一个例子，同样在Google上，我输入“汽车”和我儿子输入“汽车”，输出的结果是一样的；我在晚上输入和我在开会的时候输入，输出的结果也是一样的。但是如果Google的搜索过程是“上下文感知计算的”，那么输出结果将截然不同，我输入“汽车”，输出的是30万~40万元且有优惠的车子；我儿子输入“汽车”后输出的应该是赛车游戏或者很酷的车展。我晚上输入的初衷可能就是我要买个车，我在开会的时候输入的初衷，那可能就是因为开会很无聊，想看看车模……也就是说，计算机网络提供的信息和服务，是与我当时的情况相关的，与当时的时间、地点、心情、与谁在一起、在做什么都有关系，而这些随时在变化的“情况”，不需要在输入框内一项一项地输入，不需要我说，应该是我的手机“感知”的。这里“上下文”就是与人当时的情景关联的意思。

更进一步，因为人的活动是有规律的，计算机通过这样长期的“感知”积累了大量的数据，所以它可以根据我以往的习惯推理出我“需要什么”。从时间展开的角度看，“上下文”的含义中就多了一层时间上的“过去现在和未来”的含义。学术上把它们称之为计算相关、用户相关、物理相关、时间相关和社会相关的上下文计算！多拗口的名字啊。

怎么能够让大家坚信，“上下文感知计算”是移动互联网的未来呢？

子曰：“名正言顺。”Context-Aware Computing应该被翻译成什么？我愿意叫它“蓝颜计算”。

2014/8/8

尽管这个基于场景、基于上下文的服务已经在不断地推出，但是这个“蓝颜计算”，没有得到大家的认可，看来不是好名字。

等等好名字。

24

开源云（Ocloud）

2012/2/28

云计算成为必然。

在硬件和网络上，云计算的机会已经得到验证。动辄上万台服务器IDC，以Z为单位的存储需求，以及似乎永远不能被满足的带宽需求，让运营商及相关基础设施服务商看到了极大的市场空间。而智能手机、平板等移动终端恰恰是推动上述服务器、存储和带宽需求量增加的饕餮者。

那么软件呢？那些往昔的巨头们，Microsoft、Oracle、SAP及国内的用友、金蝶、中标、宝信呢？云计算给它们的似乎不是商机，起码不是线性的、有路径依赖的增长。对于传统的商业软件而言，是SaaS带来的被迫转型。远远不止这些。因为云计算带来了开源软件的机会，而开源软件对知识产权规则上的相反处理，将商业软件以“license”为计量单位的“游戏规则”打破了。

云计算有几个方面的“必然”。

移动互联网的普及，使得工作和生活的动态性和社会性，从原来的补充变成了主题。就像原来的通信以座机为主，现在的常用电话是手机一样。这是云计算之所以成为必然的核心需求。这是动态性要求的弹性计算模式，或者说是不断演进的基础设施，而不是原先的“稳定第一”思维模式——“一旦建设成功，就能够保证多少年长期不变”。用户个性行为和需求的不确定性，以及他们动态聚合的结果是未来的不确定性，而未来的计算架构必须满足这种不确定性，从逻辑上来说，未来的系统应该是“自适应性”的。而在达到这个理想目标之前，就是“开源”站出来唱主角的时候。

Linus Torvalds在1991年9月17日发布了第一版Linux软件，它的大小仅仅为230 k字节，包含88个文件、8196行代码。经过20年的发展，2011年7月22日，Linus亲自发布了Linux Kernel 3.0版本，他说，Linux从一个个人项目变成了一个大项目，大到很多为之工作的成员他都不认识，这个时候，他意识到Linux不再是他个人的“玩具”。现在Linux是一个代码数量已达到1300多万行的“玩具”，我们常用的Wndows XP的代码是4000万行。

如此大的工作量，如此长时间的一个项目，却只是一个社区、无数人采用开源社区的模式进行一代又一代版本的开发。这就是开源的生命力。

有一段时间我与许多开源爱好者“狡辩”，问为啥他们不用公司的模式去运作开源，发工资的方式、集中/集权管理的模式不是更好，开发的软件更值得“信赖”？这种狡辩方式恰恰是商用软件厂家说服用户高价购买它们的“license”的理由。回答非常简单，在短时间内，开源确实因为“业余时间兼职”的形式，不够计划性，但是长时间看，开源更有生命力。展开说，一个商业公司消失是正常的，而不死的或者说活得更长的恰恰是开源社区。

再说可靠性，是把源代码开放出来，有问题立即修补的系统安全呢，还是不让人知道是怎么开发的，因此也不知道怎么攻击的系统安全？答案是显然的。开源是可靠的。从长远看，开源模式的软件，具有更强的生命力和更可靠的实用性，而且往往是免费的。从这个角度看，开源模式最适合动态变化、弹性计算的“云计算未来”。

难怪最近关于云计算的开源项目很热。云计算开放标准的制定，例如Libvirt API、DeltaCloud API、EC2 API等，云计算的模块化提供了依据。云计算项目Linux、Apache Web server、Perl、Apache、Hadoop、OpenOffice、GIMP，以及KVM、Xen、Eucalyptus、OpenCloud、Convirt、Nebula等开源项目，已经覆盖了不同云计算层次。弹性计算平台新星有Enomalism、Eucaluyptus、Nimbus、Openstack、Abiquo、Nginx。数据库上有Cassandra、MongoDB和10Gen、CouchD，还有最新的stig。甚至云端的智能终端上，除了Google的Android外，Linux Mint称它的操作系统是全球排名第四位的桌面操作系统，仅次于Windows、苹果Mac和Ubuntu。

开源，意味着免费吗？不是，开源是一种商业模式，红帽（Red Hat）将成为第一家年收入超过10亿美元的开源软件厂商。它在云计算方面的动作也不小，它收购了开源软件公司Gluster、Makara。

“1billion”将是开源软件社区的一个转折点。开源的、基于“社区”

的开发方法是可行的，甚至是优越的，可替代传统的软件的开发方式。对用户来说，是值得购买的服务。

2014/8/8

尽管也有专利做支撑，但是开源与商业，似乎是一个对立的概念。基于Linux，尽管有红帽子，还有Ubantu等少数几个上市公司，但我国极力支持的中科红旗还是尴尬倒下了，Android要是没有傍上谷歌这个大款，估计也很难独立上市成为一个10亿美元的公司——安卓提供了一个开源软件的成功模式？互联网的“Freemium商业模式”是用免费服务吸引用户，然后通过增值服务，将部分免费用户转化为收费用户，获得网站的收入。而开源软件呢？开源项目的发起人及核心维护者，其商业套现机会，往往是通过这种开源项目的贡献，获得技术界的地位，然后成为大公司的技术骨干，这种商业套现，是不是有点“苦逼”呢？或者，开源确实让“商业”走开？

25

物联网的“烈火”和“青烟”

2010/10/15

很多事情难办的原因是公说公有理。更难办的事情是，字面上完全一致的一部经，却被念成了N种版本。

物联网这个事情，就有点这个意思。

这次“中国计算机大会”在杭州召开，参会人数历史性的突破1000人，到会人数达到1200人。其中物联网和云计算是两个嗡嗡作响的共鸣声。其中YOCSEF办的“物联网专题分论坛”，异常火爆，火爆到很多话题发起者会先问一句“这里有记者吗？不宜报道的”。产业界和工业界，决策和执行，战略和战术的不统一，甚至对立引发的火爆。

“物联网”作为技术名词被写进“十二五规划”等国家级的文件中，并出现在总理级的国家领导人口中，是前所未有的，应该说所有涉及该行业的“官产学研资”方方面面应该欢欣鼓舞才对啊。但是不然，大概所有方面人士都分为两个阵营：激进者和质疑者。而这两者最后碰撞的结果是谁也没说服谁，只是很暧昧的“let it be”（顺其自然）。然而，这种暧昧是不利于国家战略的。

从无锡发端，到总理发言的“物联网”，无论如何“猜测”（请注意这个词），我们应该类比1993年2月美国总统克林顿提出的“国家信息基础建设计划”（NII：National，Information Infrastructure），俗称“信息高速公路”计划。资料这样说：建造全国性信息网络最早是克林顿和戈尔于1992年提出的。1993年1月克林顿政府上任后不久，克林顿授权成立了“信息基础设施特别小组”，启动该计划。

1992年，距离1969年互联网诞生的23年后，那个时候“在美国国内，任何人只要拥有一台带有调制解调器的个人计算机、相应的数据通信软件、电话线，并在一个与交互网络联网的当地计算机服务公司设有账号，就可以成为它的用户，最基本的联机费用每月10美元左右；而在许多大学里，学生注册之时，就可以得到一个账号，使用联机服务。”但其中的服务比较少，只有双向通信和几千个电子“公告板”。而“NII计划”是在干柴上扔了一根火柴。1995年网景公司上市，然而有Yahoo、Worldcom，以及互联网泡沫后的Google，现在的Facebook，美国这个小小的硅谷一直是信息产业的“全球创新中心”。

那么物联网能“烈火干柴”吗？

物联网的学术界名字是分布式传感器网络（WSN），最早提出是在1978年，美国国防部高级研究计划署（DARPA）在卡内基–梅隆大学发起的“分布式传感器研讨会”上。27年后，2005年11月27日，在突尼斯举行的“信息社会峰会”上，国际电信联盟（ITU）发布了《ITU互联网报告

2005：物联网》，正式提出了物联网的概念。中国的情况是什么？中科院在1999年就启动了传感网的研究和开发。10年后，2009年8月温家宝总理提出“感知中国”概念，然后物联网被正式列为国家“五大新兴战略性产业”之一，写入“政府工作报告”。

现在，物联网在中国受到了全社会极大地关注，其受关注程度是美国、欧盟及其他各国不可比拟的。按说就是“干柴烈火”，但是却出现了显而易见、充满疑惑的“袅袅青烟”。

与“信息高速公路计划”相比，柴火的数量和质量的明显差别，可能是问题的原因。一是柴火的数量，我们的科研界、校园并没有把WSN普遍地运用起来（是发烧友也很少）；二是柴火的质量，这堆柴火归根结底还是美国进口的，我们几乎不掌握传感器器件技术。还有，特别不同的是“点火”的方式。“信息高速公路”说的是应用，是为美国家庭带来的好处，“NII”说“不迟于2015年，投资4000亿美元，建立起一个连结全美几乎所有家庭和社会机构的光纤通信网络，服务范围包括教育、卫生、娱乐、商业、金融和科研等，并将采取双向交流形式，使信息消费者同时成为信息的积极提供者。”

而我们的物联网概念，说的是GDP，是新兴产业，甚至是“物联网产业园”，是“物联网系”。

这“经”，这“和尚”。这“烟”，这“火”。

2014/8/8

2014年春节后，我陪同河南省物联网行业协会会长去参观无锡的“感知中国展览馆”，场馆很冷，不单单是因为空调不给力，还因为确实没多少人参观。如此场景有点出乎意料，比我想象的还惨不忍睹。这个时候，我倒觉得，物联网真不是忽悠，只是太急功近利，变成了忽悠。从现在看，三个方面的进展是实实在在的，一是**可穿戴化**，二是**智慧家居和智慧城市**，三是**工业自动化和机器人**。

世态炎凉，我对物联网的“大热”和“巨冷”，同样不屑。

这让我获得另外一个理解的角度，那就是，物联网实际上是IT的老把戏，“它”正在接管整个世界。这个老把戏在消灭磁带的时候玩过：先把音乐电子化、数字化，变成CD和MP3，然后网络化，变成云端，可在线听，从此消灭了磁带、双卡等——数字化，网络化以后，软件可以定义一切，与人无关了。

26

不得不说电子书

2010/8/14

因为在比较严肃的场合与人打过赌，关于电子书的事，应该憋到年底说才是。“昨天上海书展上的一场电子书高峰论坛，透露出中国电子书产业面临的问题。前不久，全球电子书龙头企业亚马逊接连两次宣布降价，先将259美元的Wi-Fi版Kindle降至189美元，接着又将最新推出的产品标价139美元，不足1000元人民币。”看到这个新闻后，不得不说了。尽管已经在几次政府召集的会议上委婉地说了一些。

赌是在去年年底打的：我说电子书到今年（2010年）年底会消失。（当时很热的“电子书”是以e-ink为标志的，以汉王为代表的电子书设备。）

当苹果公司于当地时间1月27日早10点在美国旧金山芳草地艺术中心（Yerba Buena Center for the Arts）发布了iPad，并于5月4号宣布28天卖出100万台iPad的时候，原来的电子书，无论从产品概念、技术标准还是商业模式，都已经被“革命”了。雪上加霜的是，Amazon宣布传统电子书降价到1000元以下，而本土主力品牌汉王、易狄欧、易博士、津科和翰林等，除了基本退市的早期产品外，其余几乎全都在1000元以上，大部分价格在1400元至3500元之间，配置类似的产品价格几乎高于亚马逊最新款50%。

原先以为只有我们华人会打价格战。现在我们还有什么话说？我们还想推进一个什么样电子书产业？除非像国家电网公司卖电一样，否则我们的电子书产业，尤其是传统电子书产业，可能不好意思成为朝阳产业。

不管它是“朝阳”还是“遭殃”产业，我们是应该为“赔本赚吆喝”的盛大公司鼓掌的。盛大CEO侯小强说，他们的产品成本价1600元，内测价格998元。盛大在3月10日宣布推出“一人一书（One Person，One Book）”电子书战略计划，7月29日在2010年ChinaJoy展会上宣布推出最新一代的电子书bambook（锦书）。他定位自己从来不是一个卖书的，就像移动运营商送手机一样，他应该没有定位在自己在做电子书产业。尽管没有Apple这样高明，卖iPad赚钱，在iPad上卖书还赚钱。至少与微软卖XBOX差不多。做一个平台公司，总要付出，而且盛大做电子书，是放在创新院做的，创新院拿这个练练手，考虑的是10年后盛大卖什么的问题。

那么在电子书这个事情上，我们的政府考虑的是几年内的事情？

似乎不是几年，而是几个月内的事情。最好今天启动一个振兴产业计划，明天就能够引进一批、培养一批产业核心企业，就能带来上百亿的GDP贡献。

前一段时间有篇网文，说中国是全世界最着急的国家。由此可见，由此可见啊。

想起2007年的青年节，温总理的诗歌："我仰望星空，它是那样寥廓而深邃；那无穷的真理，让我苦苦地求索、追随。"

是啊，一个电子书的产业振兴会，要不要开？当然要开。什么时候开？至少应该在五年前。我们的政府，或者代表政府的机构，应该起到碾平产业周期的作用，或者说平滑经济波动的作用，它必须比单个企业看得远。看的是五年，是十年，而不是Q1。

以e-ink为核心的电子书产品应该普及。像中信出版社、机械工业出版社、读者编辑部、女友杂志社，为了保证自己的订阅用户，应该每年送10万部电子书。就像电脑应该普及一样，但肯定不是高利润产业，可以列到电视机一个行当。

所以let's be。

五子登科的"官产学研资"，尤其是"官"，是不是应该坐下来说说，5年、10年以后，我们的产业是什么样子的？我们现在应该如何准备？

2014/8/11

政府依然很急——云计算、大数据，一个一个的事后诸葛的“三年行动计划”见诸报端、官网。电子书的故事一直在重演。

皇帝不急太监急，企业不急政府急。什么时候政府不急这个了，市场经济就有希望了。

27

内容产业：消费还是享用？

2012/8/8

在魏武挥老师主讲的那期“iTalk”上，当谈到传统媒体尤其是纸媒危机的时候，他釜底抽薪地说：“以‘卖位置’为商业模式的广告公司是没有未来的。”席间有位媒体人士发起一个议题——“不是说内容为王吗？为什么提供高质量文章聚合的杂志没有商业未来？”讨论很纠结，一直被一些无法证实的可能拖入思维沼泽地。绝望中，我突然冒出一句：“咱们说的那些文章，是内容吗？”

这个问题有点棒喝的意思，即使不足以让我们顿悟，至少可以让我们从内容的产生和消费两个方向上拓展一下思路。

“小资”一点的人，也许会觉得“消费”两个字有辱斯文，但是如果谈到“花钱买”为核心的商业模式，还是用“消费”吧。消费可以分成一次性消费和多次消费。从杂志这个媒体性质看，99%的内容是供一次性消费的，《读者文摘》中的内容可能可以多次消费，就像笑话可以多次都让人笑一样。拓展之，与“当下”相关的内容，大概都是属于此类。当然，即使是一次性消费的内容，也会因为对“当下”这个时间概念的理解不同而分出多种形式来，比如微博，是按照分钟甚至秒来消费的，所以其内容是140字以下的，如果在一分钟内没有被消费，它就淹没在“比特”的海洋中；而晨报、晚报、日报是按天来消费的，其中的文章多是新闻，昨天的晚报你还惦记着看？而周刊、月刊和双月刊，其中的内容是按周、月和双月来消费的，所以其中会有几千字和上万字的“大文章”，显得比较严肃。月刊的发行人，不正是希望你一个月才能看完这杂志吗？好像拿起一本杂志的方式依然是“一次性”的。

就像方便面也是食品一样，一次性消费的内容也是内容。但是生产这类食品的是机器，即使统一方便面这家公司中也有研发中心，那里的工程师可能是化学家、生物学家等，但是肯定不需要戴白高帽子的国家一级厨师。因此，对着方便面讨论餐饮业是错位的，应该讨论食品工业才对。对着与方便面一样的日报、杂志内容来讨论文化产业同样是错位，应该讨论媒体工业才对。而媒体产业恰恰已经在走向工业化，美国Narrative公司开发的人工智能软件已经能够每小时15 000篇的速度“生产出”各种风格的体育新闻。这是高科技活，公司里面不需要作家，里面需要程序员和算法工程师。

那么多次消费的是什么？当然是类似满汉全席的《红楼梦》《百年孤独》。面对这些十年磨一剑、呕心沥血的内容，我们又是如何消费的？我们是不是多次消费了呢？如果实在觉得“消费”两个字刺眼，那就用“享用”吧！恐怕令人困惑的事实是它们大多数被我们闲置着，很少一部分人能享用完，极少数的人会多次享用，但我确实见过看过10遍《红楼梦》的人。

回到最前面“你说的是内容吗”这个疑问，显然有点“方便面怎么能算是食物”的偏见。而这个偏见是如此的无力，因为我确实只读过一遍《红楼梦》，而且也是心不在焉，把很多诗词跳过，只挑着林妹妹、贾宝玉、薛姐姐的章节来窥视其三角关系，而且我当时也只是从图书馆里借来看的，后面买了一册，也只是因为竖排版好玩！

如此看来，“内容为王”与媒体产业无关，与文化产业似乎也无关。如果真要去说“内容为王”，只与文明有关。因此如果谈“产业”就是用商业逻辑谈商业模式，××产业，往往是与“××”无关的，有关的是ARPU（Average Revenue Per User：每个用户带来的收入是多少）。

以富于洞见的时事评论著称的《经济学人》已经有170年历史了，目前每期销量已超过140万本。它有个特点是所有文章不署名！这个时候恰恰回答了“这还是内容吗”这个问题。

如果做产业，就忘记内容，只要记得“稿费”寄到哪里就好。

2014/8/11

“工业化”这三个字，隐含了冷冰冰、势不可挡的意思，最好的形象代表是蒸汽火车。

这三个字会渗入到我们生活的每一个空间，车间、办公室、客厅、厨房、卧室，也会改变我们每一个生活习惯，我们的一日三餐，我们的衣食住行，都会被工业化。

而所谓个性化，只是幻觉，是大规模定制的“诗意化”而已。

推动这些工业化的，是技术。而信息技术，以其独特的“润物细无声”的渗入模式，不单单改变我们的物理习惯动作，还改变着我们的记忆、搜索、思维方式。这就是**工业化思维**。

如此看来，媒体的工业化，是必然。

28

“鸟叔”和斯库特·布劳恩

2013/3/12

“文化产业”和“振兴文化产业”，这些词与早些年的“教育产业化”、“医疗产业化”一样刺眼，而且让人警惕。一是我觉得一个文化大国如此提法，很没有文化；二是因为遍地KFC满街可口可乐，一身西装满口英文单词，很是让人无奈。

在商言商，2012年一“只”肥肥的“鸟叔”“飞”来，猛然觉得“新文化产业”是可以仔细分析分析的。

韩国人“鸟叔”朴载相，洗脑式的一曲《江南style》和骑马舞，“能引发数亿产值，让35岁的“鸟叔”晋升到韩国超级明星行列，在短短的三个月内就狂揽1.88亿元人民币的收益神话”。关于他的收入，有不少版本，拿出一个比较靠谱的但不是最新的版本，到2012年年底，这首称为“K-hop”风格的《江南style》，整体收入为790万美元，其结构如下：

电视广告收入460万美元，占比58%；

苹果iTune下载收入240万美元，占比30%；

YouTube广告收入87万美元，占比11%；

韩国本土下载收入6万美元，占比0.7%；

CD销售收入5万美元，占比0.6%。

可以看到几个显然的结论，在版权收益上，传统CD销售已经式微，10.2万张CD的销售应该说是还不错的数字，但是只占总收入的0.6%，该市场已经被苹果iTune替代，下载单价为1.29美元，却有270万次下载，是CD的27倍，收入更是CD销售的50倍，而且苹果公司按每首歌曲30%分成的102万美元还没有计算在内。

尽管“鸟叔”在韩国的下载销售很可怜，只有6万美元，但是他带来的电信收入应该在600万美元左右。“韩国音乐排行榜Gaon Chart”11月的统计显示《江南Style》下载量多达360万次，流媒体播放次数在4000万左右。在韩国很多人的音乐下载业务都是包月的，所以每首歌曲的下载费用平均下来在1美元左右，流媒体歌曲的费用更少，仅为0.2美分。报道说“‘鸟叔’从流媒体音乐中的提成仅为可怜的7.5%，大部分收入都进了经纪公司和在线零售商的口袋。”看来苹果的歌手70%的分成比例，确实显示了乔布斯对知识产权的重视！

所以结论一是传统的音乐版权销售，离线的“offline”肯定会被在线的“online”取代。而且“online”会带来更多的、50倍甚至100倍的销售！版权销售这一局，“online”完胜。

广告收益这一局，代表视频2.0的YouTube没有完败，但是也被视频1.0的TV广告打得满地找牙。尽管TV也是“online”，但是与视频2.0相比，它和“offline”没有什么差别。如果把YouTube的87万美元收益除以10亿次点击的话，那么视频2.0的惨象更是“不忍睹”了。这次“鸟叔”在视频2.0里赚足了眼球，出了名，但是在视频1.0的地方套了现，而且真正的套现在“离线”，在“offline”。如果我们把他在上海春节联欢晚会上8分钟100万元，在酒吧一个卡座3万元等的线下演出收入也加进去的话，“offline”完胜。

但是，这似乎不是1:1的平局，因为版权销售总体只占30%左右，而广告销售占70%，如果衍生出去的话，版权销售在整个收入中的占比还会变小。也就是说，版权销售作为音乐和文化产业的主体，可能是个误区——无论乔布斯如何呵护！

所谓文化产业，是不是可以描述成为一句套话“A搭台、B唱戏”，这里A和B互惠互利，缺一不可，而且有一只看得见的手在控制A和B。在新媒体，新文化产业中，我们可以把A叫做网络流量（bit flow），B叫做现金流量（cash flow），这只“看得见的手”，在“鸟叔”的生意中，是传统角色：经纪人。

一个经纪人是非常传统的韩国公司，就是“鸟叔”的签约公司，俗称“东家”的YGFAMILY。该公司在韩国上市，2012年的总收入达到了448亿韩元，约2亿4千万元人民币，其中利润为98亿韩元，约5500万元人民币。

另一个是洛杉矶著名经纪人斯库特·布劳恩（Scooter Braun）。当《江南style》在YouTube获得120万点击量时，布劳恩惊叹道：“我要为整个世界签下他！这是继迈克尔·杰克逊的《Thriller》之后最伟大的音乐视频！”

这只“手”在点击量120万的时候出手，把比特流量变成了现金流量。

2013年7月15日发布的新单曲《江南style》上传至网上后，点击率飙升。一周后达到120万，布劳恩出手！26天后的8月6日，点击率就突破了2000万。8月21日，“水果姐”凯蒂·佩里在Twitter上提到它时，其点击量为4300万。8月27日，“小甜甜”布兰妮在Twitter中写道：“我太爱这支视频了，太有趣了！正想着是不是得学学这支舞蹈呢，有人能教我吗？哈哈。”此时《江南Style》的点击量飙升至7900万次。9月11日，美国著名脱口秀节目主持人艾伦·德杰尼勒斯（Ellen De Generes）把“鸟叔”和“小甜甜”请到了自己的节目，布兰妮见到“鸟叔”的第一句话便是“show me！”（跳给我看）。66天后的9月18日，点击数已突破2亿次。

在9月份的最后一周里，《江南style》的点击量接近了3亿次，与《江南style》相关的视频多达33000个。2012年12月21日，《江南style》在YouTube网站获得了10亿次点击量，这个成绩是“前无古人”的。

这个比特流量的变化，让YouTube大跌眼镜，“这与我们之前见过的所有情况都是那么不同。”YouTube网络动态经理凯文·阿罗卡（Kevin Allocca）说，“根据我们对YouTube的了解，如果之前有人说每天能收获700万点击率，那是很荒谬的。而事实是，他在没有多少历史可借鉴的状态下引领着潮流。”但是我觉得经纪人斯库特·布劳恩不认为这是荒谬的，因为他眼中不单单有另外一个2.0的Twitter，还有TV秀。这些媒体之间互动发生化学反应，产生乘数效应，是这只“看得见手”的作用，是把比特流变成现金流的关键。

YouTube需要这样的人，或者说需要找到这样的自动发现机制和套现机制，那么传统的文化产业——无论是offline的CD和出版，还是1.0的广播电视，都会败给2.0的新文化产业。

Google应该能够找到。新浪微博能够找到吗？

找到的时候，YouTube和新浪微博才会像《江南style》里唱的一样，“欧巴，萨拉嘿呦！”意思是哥是“高富帅”。

2014/8/11

看来胖子容易“火”，与“鸟叔”一样，两个“罗胖”（罗振宇和罗永浩）、高晓松都是胖子，都是通过短视频开始“火”。但是罗振宇与其经纪人——申音的NTA分道扬镳，这件事除了让人唏嘘“朋友靠不住”以外，还真的需要思考，自媒体明星与经纪人之间的传统合作模式是不是已经颠倒了？胡彦斌最近转身成为太歌文化的创始人，各式各样的工作室的成立已经体现这种趋势了，但这是否能成为娱乐业的常态，有待观察。

29

位置产业

2010/9/26

前一段的《下沉的互联网》，是从基于位置服务（LBS）说开的。其核心思想是“以人为本”，让服务跟着人走、随时随地，是即时的、智能的。再形象点说，就是每个人有一个超级贴身“小蜜”，她在告诉你，现在你最合适做什么、应该做什么。这样的“以人为本”的LBS已经很有想象力了。

但是假如从“以物为本”来看，最显然基于位置服务的产业是物流。尽管科幻小说里可以把一个物体在A地分解为无形，然后像发Mail一样发到B地，再组合成为同一个物体，并且据说IBM在致力于这方面的研究，但是依然距离现实很远。

物流是不可少的。汽车、火车、飞机、轮船为工具的货运、客运等产业是一个与GDP相关的大产业。这个产业的核心是把一个物体按照需求，以最快的速度安全地运送到另外一个位置。这个产业中，集装箱的发明是革命性的。

那么在信息化和互联网时代下，这个位置产业有什么地方可以“革命”的？把一个人从A地运到B地，去干一个可以“数字化”的活，已经有视频会议在“革命”了。Cisco的网真是一个代表。接下去是3D。可以想象，3D化的你去参加一个会议，甚至一个party（聚会），是可以完成的。尽管你是在自己的房间里走来走去，但是另外一个“你”，在千里之外的一个会议室，在与那边的同事讨论问题。在那边的人看来，“你”就是一个三维成像。除了没有体温，除了可以穿过“你”的身体以外，参加这个会议的“你”与坐1个小时飞机到达现场的你，没有什么差别。这是很有想象力的事情。技术、产品和商业模式都会有很多新的东西产生。

参加现场演唱会这个事情，也有一个位置服务的问题。有一个著名的相声段子，叫《卖挂票》，那为什么不能卖“3D网票”？设想我实际上是在家里，但是购买了3D网票，那么“我”就在在现场。“我”可以是一个在现场飞来飞去的小机器人，有摄像头。这样我在听现场摇滚的时候，甚至比到场的哥们还High，因为“我”可以飞到乐队的头顶上去看，也可以去搭讪感兴趣的“好友”……

“3D故宫”已经做了不少事情。如果结合进“Google Earth”，是不是会有虚拟旅游的业务产生？不是已经有人在策划，在黄山上安装上千个IPcam，让人们通过远程来“看云”?!

在人与人的问题上，以及在人与物的问题上，位置服务的核心不是物体本身，而是体验。这就好办了，把体验数字化就可以对传统的“到现场体验”进行“革命”。那么电子商务中的物流有没有新的模式？低碳、分布式的物流可能是下一个可能。比如我在欧洲某个新华书店买了一本画册，我就得背着它进行下一个旅程。但是现在可以不要，因为可以直接邮寄到我家里，路程大约10000公里。再进一步，能不能找一下，说不定在上海的某个书店就有库存，让这个书店快递到我家里，路程可能只有10公里。这种就近物流，是多赢的模式。

这种“就近物流”，与前面讲到的“近联网”在本质上有相像的地方。如何实现这种物流？物流联盟、仓库数据库的共享、产品的编码等，从技术角度和管理角度，都不算是难以跨越的挑战。这样的物流公司的出现，说不定就是革命。

再进一步看，国美、苏宁是什么？不就是物流公司吗？就近物流的集散地而已。还有人说，国美还是一个比Google更彻底的广告公司。因为按照销售收费的广告，不像这些广告公司用CPM、CPV等玄虚的概念来“骗”企业的钱。

位置产业，你准备如何面对？

2014/8/8

就近物流这个事情，就像宽带接入的“最后一公里”一样，成为大生态中的瓶颈。这几年顺丰和菜鸟等物流巨头的竞争点，都放在了这“最后的几公里”上。要考虑的因素大部分涉及成本及社会风险等，不单单是技术问题。

但是永远有技术颠覆者。至少现在看到两个：一是3D打印，另一个是无人飞行器。

看到顺丰开嘿客便利店，作为物流终端，同时切入O2O电商，我诧异王卫的商业天才，但是我还是佩服亚马逊的无人飞机送货上门。因为Jeef是技术颠覆者。

第三辑 创业

金闪闪的草根逆袭

子曰：“富而可求也，虽执鞭之士，吾亦为之。如不可求，从吾所好。”

——《论语·述而》

子曰：“饭疏食，饮水，曲肱而枕之，乐亦在其中矣。不义而富且贵，于我如浮云。”

——《论语》

30

蓝领、白领、大师
——与李院长聊天

2010/4/15

李院长，是某大学信息学院的院长。我因为推广“研究生创业大师计划”与他谈合作。但是聊的却似乎超出了这个合作计划。

照例，我一般饶有兴趣地开始：“信息技术领域，是一个令人激动的领域，因为有奇迹不断出现，而且这些奇迹常常与新贵和亿元财富有关。谁创造这些奇迹？而谁又在培育这些奇迹创造者？普遍认为是我们的教育体制不太适合培养奇迹创造者。我们更加注重软件蓝领和IT白领的教育。有没有可能在本科生、研究生、博士生的教育中，把创业作为一个主题？”他听了直摇头，而且他的观点吓了我一跳，他说：“可以说，30年来计算机教学的一系列改革，用两个字来总结——完败。”他当院长N年，是教育界的资深人士，他说的计算机教学体制设置、软件学院与计算机学院的矛盾，以及计算机专业的科研教育倒挂等问题，很多是“圈内”事情。听了以后我这个圈外人士认为，这高等教育真是蛮让人担忧的。

我把话题拉回“大师计划”，因为“大师计划”需要有创新能力和创新激情的技术高手，但要如何找？他说核心是要找“好老师”，而好老师的两个特点是：一要是老师，二要手下留情。他进一步阐述说：“因为，现在已经没有什么好的老师了。没有那种传道授业的老师了，没有那种把教学当成事业的老师了，更加没有那种把课上得炉火纯青的老师了，因为，学校重科研不重教学。”

那什么是手下留情呢？就是别要求学生非得朝教授或研究员发展不可。给他们空间去做他们想做的事情，或者说是留一条路，让他们去做有趣的事情，这些有趣的事情，是大量用户所喜欢的，那就是产业化的事情。很多有天赋的学生，常常被捆绑进千篇一律的考核体系中，成为千篇一律的学校中的千篇一律的一个“搞IT的”，也就是“挨踢”的。

但是这一切与创新无关，尤其是与原始创新无关。很多创新者都是“挨踢”出学校的。看来美国的IT教育也有同样的问题，比如Steve Jobs从MIT学校退学，Bill Gates，还有别的人。“哈！”我开玩笑说，“那我们岂不是要从退学名单中启动我们的‘研究生创业大师计划’？”

不知道李院长是宽慰，还是赞赏“研究生创业大师计划”注重“实习期”这个研二创新最佳期，他说：“我们看到很多有才华的学生，正在为自己的梦想努力，而实习期恰恰是一个机会。他们在小学、初中、高中很辛苦地读书学习，上了大学玩得多（国外却是倒过来的），还没玩够，就立即面临找不到工作的尴尬，而在研究生阶段，除非是被迫上的，他至少又专业了，而且有师傅（导师了），经过一年专业学习，在研二、研三时候确实可以为理想做点事情。”我直接问：“李老师，你如何看待创业？你不觉得都是因为就业的问题才谈创业，创业在就业的概念下，变成了‘就业不成就创业’，加入了很多无奈的因素。你不觉得这是误导？”李老师的回答很直接：“误导就误导呗，又不是创业一件事情被误导，难道成功不是被误导成为有钱了？而信息技术的发展中，往往很多大师级的人物，为信息技术做出了很大的贡献，但不都像Bill Gates一样能成为亿万富翁。”

如此说来，什么是大师级的创业？我们这个计划是“研究生创业大师计划”，在“大师”含义中，一是有研究生和大师双重解析，二是确实需要大师的指导和大师级的创业。我国已经有QQ、盛大、用友、新浪及携程等成功的IT背景企业，伴随着周鸿祎、马化腾、王文京、陈天桥和马云等如日中天的IT新贵出现。但是总的说来，这一代的IT创业，很多是C2C（Copy To China），有“山寨”的味道。

李老师没有直接回答这个问题：“IT本来就是应用技术，重工程性。IT领域的创业有很多特点，其中最大的特点是低成本和颠覆性，这个在移动互联网领域可能最突出。”

看来这个李老师，不单单是在教育界，在产业界也蛮有心得。感谢！

别去问他是哪个信息学院的，按他的说法，现在的学校已经没有了个性。

2014/8/8

对中国教育的诟病，大概是个垃圾桶式的话题，你说啥都可以。

这篇文章中说的计算机专业，不是个案，也不是特例，所以没有必要太详细去说它，好在人们有越来越多的选择，出国的出国、辍学的辍学……我两个大学同学的孩子更加极端，高中毕业直接就去创业和打工了！

文章中提到的“Master Plan”，是2010年中科院计算所上海分所与张江集团合作项目，利用研究生最后一年的实习时间，进行创业型“实习”，这个项目得到全国各地研究生导师的支持，最后有10个团队入选“预孵化器”，一年之内有三个团队成立公司，拿到了投资。

可惜本该坚持做下去的事情，只做了一年。遗憾，因为我们比李开复老师的创新工场还开始得早那么一点点。

31

价值追问

2012/12/11

俄亥俄州立大学的张晓东在高性能计算机研究领域卓有成就，我们熟知的Linux操作系统也正式采用了他的几个存储管理新技术。但是他在2012年5月份的“CCF（中国计算机学会）年会”上，演讲的却不是学术，而是关于成功的话题，他的题目就是结论。《对社会和他人的贡献是衡量成功的重要标准》，句式上套用了“实践是检验真理的唯一标准”。

重要标准当然不是唯一标准，而是权重比较大的标准。如果仔细分析张教授的关于成功的定义，是一个乘积的和，是个“西格玛”，这个乘积则是你的服务或作品为某人带来的好处。如果好处太通俗，你可以用现在比较流行的“正能量”。

在演讲中，张老师从爱因斯坦的一句话开始：“*Try not to become a man of success rather try to become a man of value.*”通俗翻译是不要老想做一个成功的人，而要努力去做有价值的人。

这里明显把创造价值和获得成功分开了。

如果把价值和成功两个概念比作为X轴和Y轴，那么就会出现四个象限，第一个是既有价值又很成功；第二个不成功但是有价值；第三个不成功也没有价值；第四个是成功但没有价值。

这个分类蛮残酷的。我会不自觉地问：我在哪个象限？

顺着这个思路，他觉得有三个人在第一象限，袁隆平、屠呦呦和王选。中国60%的水稻产量与袁隆平有关，青篙素成为抗疟疾首选药物得益于药学家屠呦呦，而全球90%的中文报刊出版物都采用的方正激光排版系统则是王选教授17年的努力成果。而孔子、梵高、贝多芬、怀特兄弟等都是属于第三象限的，他们不成功但是有价值。

在这个思路中，张教授实际上给成功加上了一个时间限制，就是在当下。怀特兄弟没有能够创立波音公司那样赚钱的公司；尽管《向日葵》在日后拍出一亿美元，但是梵高还是在穷困潦倒中死去；孔子也是，在2500年前，他没能重建礼乐社会，没能有周公的成就，死的时候也只是一个“大夫”级别的国老而已，他没想到自汉至今，他以“大成先师得受素王之礼”，成为世界十大思想家之一。所以，如果把时间跨度拉大，受众范围扩大，价值和成功似乎变成了一个概念，只是有一个价值兑现的过程，袁隆平的价值现在他活着的时候就兑现了，而梵高没有兑现。

如此看来，成功往往是属于自己的，而价值往往是属于除了自己以外的。也就是说，成功不成功，你自己可以按照自己的标准判断，没人能够管你。而价值，却是别人说了算的。

如此看来，“价值”也是蛮残酷的。但是有了这样的理解，很多事情恰恰能说通。比如同样是生产皮包，一个做杂牌子，放在小县城的百货公司销售，定价150元，一天卖出两三个；另一个做LV，放在陆家嘴专卖店卖，每个2万元，一年能销售十个亿。两者的差别是单价，更是价值——因为买家认为值那么多钱。而将两者简单地分出高端和低端，是在价值链上。

关于价值链，最现行的例子就是iPhone手机中苹果和富士康；当然也可以比较4000元一个的苹果手机和700元一个的山寨智能机。

分析到这里，大家可以看到，价值的大小里面有层次，比如你在小县城里的大舞台唱得一嗓好歌，同样花费那么多的卡路里，同样是那么多的声波能量，比起你在××TV的春晚上亮相，其价值不可同日而语。

如此分析下去，如何把自己的产品和服务放到能够最大认可你的客户面前，变得异常重要！这也难怪有段子说，你要行，还要说你行的人很行才行。这也许也是"长江商学院MBA"学费持续增长的内在因素。

我把张晓东老师的《对社会和他人的贡献是衡量成功的重要标准》，以及他引用的爱因斯坦的名言追问得那么俗，不知道他会不会不高兴。

好在爱因斯坦还有一个公式："A=x+y+z"，其中A代表成功，x代表艰苦的努力，y代表正确的方法，z代表少说废话。

废话少说，提供价值。

2014/8/9

被社会认可的才是价值。存在感也是。

现在的“低头”族，刷微博写微信，刷的是存在感。但可惜的是，这种即时的存在感、140字及成千上万的“呵呵”，无法从量变到质变。这也许就是有不少人离开社交媒体的原因吧。

32

层面和局面

2012/2/21

当很硕大的“层面”两个字多次出现在大会上，多次被阐述的时候，我发觉与以前常用的“局面”两个字比较起来，“层面”的含义更加耐人寻味。

如果把层面和局面结合起来，就是一个三维空间，X、Y轴形成一个平面，Z轴的出现就形成了一个层面。一个正方形是局面，一堆正方体往上垒起来，可以是一个金字塔，也可以是一个双子塔或者金茂大厦。从局面到层面，从这个意义上讲，是从平面几何跳到了立体几何，确实是上了一个“层面”。

如果有合适的动词来配合这两个词的话，那就是“打破局面”、“提高层面”。这两个组合似乎是唯一的、最合适的。互换不行，那么是不是可以并列出来提呢?

我们可以来思索什么是提高层面，什么是打破局面。

层面往往包含了积累的意思，就像爬山，你一步一步地往上爬，爬到山腰，看到风景这边独好，看到正在山脚下起步的人们，你心中有前行者的骄傲，可以大喊一声“加油啊，哥们！”但是抬头一看，很多比你爬得更高的人在上边看你，而且山路依旧陡峭，你要下定心，没事人一样继续一步一个脚印地“提高”自己。到了山顶，独揽众山小，你的心境是不一样的，这是这座山的顶了，在下坡的情况下，你的感觉会不同。天色已晚，留恋风光的同时，你要向另一个高峰攀登走下坡路降低高度，实际上是为了更高的风景。当然你也可以选择直接坐缆车回到山脚的停车场，那个时候你会等候同来上山的朋友，因为分享幸福是何等重要。

相比而言，局面中有局限之意，指一个时期内事情的状态，或者指一定的规模，其中有少许的贬义，有“守”的意思。因此打破局面，恰恰与创新、发展有些关系。如果拿某件事情比喻的话，那就是“立鸡蛋”。传说是这样的，餐桌上很多人不服哥伦布，于是哥伦布想了想从碟子里拿起一个鸡蛋，说：“先生们，你们当中谁能把这个鸡蛋竖直立起来？”在很多人都尝试失败以后，他把鸡蛋的一头轻轻地往桌子上一磕，鸡蛋便直立住了。哥伦布玩的是熟鸡蛋，如果是生鸡蛋，他的方法就一塌糊涂了。“立”生鸡蛋的方法是大力摇动，小心轻放一般就可以。

哥伦布打破鸡蛋，就是打破局面。

那么如果回到一个组织的运营，打破局面和提高层面是不是可以结合呢，能否既能打破局面，又能提高层面？

应该是可以的。可以从两个角度分析。

一是打破局面是不是能够提高层面。打破局面，对一个公司业务往小了说，是发展了新客户；往大了说是找到业务的增长点；往更大了说，就是发现新的业务领域。有了大局面，当然可以造更高的楼，或者造新的更高的楼。而且，X、Y、Z轴是相对而言的，比如长尾效应的曲线，在X轴的长度远远大于在Y轴的高度，这个时候，是大量中小企业的点击广告消费（小广告）成就了Google这个互联网巨头。

二是提高层面能不能打破局面。答案好像是肯定的，为什么？站得高看得远，山高人为峰的时候，很容易跳出“当局者迷”的魔咒，在一定的高度，能够发现更多影响局面的问题，比如，可以发现还有一条另外的路，更容易到达顶峰，可以发觉很多山脚的起步者应该保持匀速，而不是时快时慢。

局面是整体观，是观念的局限也是能力的局限。还有一个很重要的是组织合作的效率的局限。下围棋的时候，有层面才有局面，才能看得更远，当然也才能发挥其中每个棋子的力量。与象棋不同，只有黑白区别的围棋的胜负，决定于层面的高低。

最后讨论一个问题，是不是只有金字塔的结构才适合层面和局面的组合？恰恰不是，Google和Facebook的组织架构是网状，在网状的架构下，你是定点，把你与身边团队成员的关系画成线，就形成了一个以你为定点的金字塔。而其中的层面，就是你链接这些线的密度和强度，单向还是双向。

如果在一个组织中，你能够贡献的价值是与这个组织的价值从方向上一致，打破你自己的局面，肯定能提升自己的层面，也让组织中更多的人提升层面。网状组织下，对层面和局面的理解也会有“耳目一新”的感觉。

2014/8/9

在金字塔型的社会结构里，层面代表权力。因为顶尖只有一个，所以有王子为储君之位杀得你死我活。而支撑整个社会结构的是什么？从根本上说，是信息系统。高层知道更多的、更全面的信息，如此而已。是对信息的控制会异化一个人，变成“领导”。

那么，现在这个金字塔越来越扁平、越来越网状，这种支撑系统没有了，这个层面异化的“领导”地位越来越没有意义，这个问题，是需要很多很忙的领导静下心来思考一番的。

33

创业无间道

2012/3/11

创新、创业，尤其是后者，为什么如此“热”？36Kr（三十六氪）在上海举办的三次活动我都参加了。尽管地方越来越大，但还是人满为患，除非您提前30分钟到场，否则甭想找到一个位置。

不光是36Kr，还有天使投资俱乐部活动、项目对接会，只要是移动互联网的创业活动聚会，都是如此，就连最近在杨浦的爱塔咖啡开业，也是这个状态。都是很多年轻的面孔，热情洋溢的样子，兴奋之情溢于言表。其中一般有两类人，一类是创业者或者想变成创业者的，还有一类就是想投资这些创业者的。

参加这些活动多了，就渐渐有点疑惑。我们常常在说国内的创业环境不好，非常不好。N个方面的人都在说，创业者本身在说，专家们在说，投资商也在说，甚至是这个创业环境的“始作俑者”——政府官员们，也在说这个话题，有点滑稽的是，连工商、税务等直接相关机构说起这个事来，几乎有一种我们在说伊拉克的石油问题的感觉，很投入但与己无关。尽管创业环境如此之差，但还是挡不住创业者的热情。创业环境恶劣，还有两种进一步的、实证性的推演。

一种来自成功者。几乎所有的成功者，无论是坐在财富人生高背带扶手的欧式椅子上，还是坐在波士堂烈焰红唇形状的大沙发上，都一如既往地说着当初创业的艰辛，而且不是一般的艰苦，是很多平常人无法承受的苦。这种自虐性质的诉苦，除了表述“受得苦中苦，方为人上人”的逻辑，分明是在说：创业真难。

还有一种，来自投资者，尤其是很多导师级的投资人。他们从投资角度表述了“九死一生”规律。一般投资规律看来，从天使投资，到A轮，到B、C、D、E轮，在IPO前有那么4~5轮投资，经历5~7年。这平均6年时间，几乎都是在生死线上度过的，投资的企业“大部分都是要失败的”。尽管他们在见面会的时候会大加赞赏不断点头、首肯，但是他们心中在想，你这个企业在3年内有40%的概率会死掉。

但是为啥那么多年轻人，前赴后继地扎入无边苦海？

在创业活动聚会的熙攘中，在漂亮的PPT和夹杂着很多英文单词，而且有些风范的演讲中，我的疑惑渐渐漫出来，于是直接问了一个创业者——他现在是网络营销方面的创业者：“你为啥创业？”他的一个朋友帮他回答，他要在上海买一栋大楼。“嗨，这是以前的事了，”他正色说，“我要帮助那些上不起大学的人，让他们能够得到他们想要的大学教育。”这还真不错，Paul Graham就把颠覆大学教育放在他的投资方向上。“但是，你现在的网络营销与这个目标有啥关系？”“办大学需要钱啊。”他说。网易的丁磊，最近被很多人说成没有理想，他却表现出了很现实的理想：“我有了钱，想干啥就干啥，养猪、种稻子，你管得着吗”“哦，好吧。”我脑子里闪过阎焱的定义“老板创造财富，企业家创造价值”，然后把他打上“老板”的标签。对创业者热情于苦海的原因，我慢慢明白了。

当今中国大陆是“投资”的黄金年代。（暂且我们比较体面地说，我们在投资，不是在投机）。我们的一切活动都是投资活动。

在人类历史上，只要是投资活动，一切疯狂行为都是可以被理解的：投资的唯一目的是“洗钱”，就是把别人的钱洗到自己的兜里。所以核心规则就是“击鼓传××”。这个××，可以是花，也可以是绿豆，也可以是红木，也可以是猪肉，当然比较高级的是“项目”。所以很多团队拿到钱的第一件事是换甲级写字楼，很多团购网站大量烧钱，得益了分众和百度，还演出了跑路的“喜剧”。

但是，创业与创富，真不是一回事。

如果要说一个“应该”的话，创业应该是创造价值，创富应该是自然而然的副产品。这个事可以去问彼得德鲁克，也可以问熊彼特，假如你除了创业还在说创新的话。

2014/8/9

如果理解“创业是一种生活方式”。那么就不会有这些价值追问和无间道式的想法。这几年各种目的不一致的“合谋”，把创业变成了一种生活常态，这是极大的好事。

当某一天，36Kr、黑马营、飞马旅、车库咖啡及IC咖啡等为创业者服务的机构能够上市，这个常态的生活就形成了循环。

我们乐见其成。

34

“活着”创业

2010/4/17

最近遇到一个创业的朋友，是做存储方面工作的，他原来是一个IDC公司的高级TS（售前技术支持），在数据中心的存储行业浸淫N年，而且与上海交大的教授专家有多年的合作，有很好的创业基础。于是他去年底辞职开始创业。

创业之初，我给了他一个建议——做特别的事情。存储行业水很深，有EMC这样敢于与IBM叫板的企业，也有同友这样在中低端领域吃了N年的专业企业，而且存储一般是“有钱人玩的游戏”。举一个成功的例子，就是李凯教授不到十年就把Data Domain公司做到NASDAQ上市，而且以21亿美元之巨被EMC收购，凭借的就是“重复数据删除技术”。因此如果要搞存储业的创业公司，首先要做减法，只做很特别的一点技术，满足用户的一点需求，这个“一点”很重要。

几个月过去，中间又遇到他几次，每次遇到我都说，你没做这“一点”，就不会有其他点的。但是他总是很忙，一直奔波在“长三角”各地，参加各种活动、见客户。在又一次畅谈中，当我问及“一点”的时候，他还是含糊。但是他疲惫也很悲壮地说：我们要先活下去，才能去做这“一点”。

“啊！活下去”，一个交大的高材生说要“活下去”?！要怎样的“活下去”?！创业是为了“活下去”？在很正式的场合里，情况也是如此。比如把创业与学生就业难这个事情挂钩起来——“就业不成就去创业吧”。再比如很多已经成功的人士说起创业当初来，常常是“苦得不得了”，充满了苦难。更让我困惑的是已经在创业开公司的小老板们还常常说起，先“活下去”才是硬道理。就连任正非先生，也只有到今年的清明前后，在创业20年后，才说“春天来了”，他以前一直是说我们“快死了”，我们活着不容易……猛一想，可不是，身边很多人都拿这个“活下去”说事。这个世界怎么啦？难道真的“生活=生的容易活着难”？

不管别人，包括这些业界和投资界的大佬怎么说，我一直非常反对创业与“悲怆”关联。创业与悲情浑身不搭界啊。至少在IT业，你来创业，就该开开心心，不要那么悲壮。一是没有人求你创业，你是自愿的。二是创业是一个追求梦想的事情，与你死我活的“革命”总是不同的，是个“game”(游戏)。三是互联网创业风起云涌，人才辈出，三十年河东三十年河西的，如果光是为了“活着”，多你一个不多，少你一个不少。

不知道傻子瓜子这一代的创业者想的是什么，至少，我觉得信息时代，互联网时代的创业者，不要有“悲情创业”。可以艰苦但应拒绝悲情。可以连续吃二个月的方便面，但依然很开心。

看看身材瘦长、一头棕发的17岁小伙子特诺夫斯基的创业吧。他花了三天时间创建了Chatroulette，从父母那里要了1万美元，买了一台小型服务器，这台服务器现在正在他家的桌子上运转着。2010年1月，Chatroulette的用户骤增至5万。现在，Chatroulette网站通过SEO优化后每天的访问量达到了150万人次。3月初，他来到了美国，一夜之间成为了全球IT界的名人，有人对Chatroulette的估价在1300万～4000万美元之间，Skype、Google、俄罗斯IT企业Yandex及被称为俄罗斯“网络沙皇”的尤里·米尔内都向特诺夫斯基伸出了橄榄枝，希望与他展开合作。

无所顾忌的快乐创意、原始创新，这是互联网创业。

干嘛为了“活下去”？如果真这样，不如去地铁站卖红薯。

2014/8/9

最近，在IC咖啡发起人中，依旧有不少创业者在微信群里说:“我们首先要活下去，然后……”看来这个话题，要依旧持续。

当然这个讨论，是没有定义好“活”这个词，“活着”大多以为是赚钱养家糊口。衍生到公司，就是“能够把工资按月发出去”。这个“活下去”的话题，是个非创业环境下的常态话题，那么对于创业者来说，这个话题别被当作问题才好。

创业者，确实需要有一定的格局和心胸，把常人的常态搁置一边。

35

有钱才品牌？双汇的启示

2011/3/14

从昨天晚上开始，你还会去买双汇火腿肠吗？不管它在CCTV上打了多少亿的广告，不管它的老板获得了多少奖章，不管他如何如何说“十八道检验，十八个放心”，也不管它挣了多少多少钱，您觉得双汇是一个品牌吗？在德鲁克看来，双汇连个企业都称不上，更谈不上品牌了。有人说得好：一个强势品牌代表的是一种价值观、一种信念、一种定位，它能脱离开资本实体而独立存在。

最近常回老家，浙江人杰地灵，老家新昌以唐诗、绿茶和大佛闻名，更以全县7个上市公司为荣。它们多是生产制造业（MIC：Made In China）的“隐形冠军”，在出口业务屡受人民币升值等无法控制因素困扰的时候，“做自有品牌”就从“可以有”走到了“必须的”。

如何做品牌？现在的做法无外乎两种：注册商标、打广告。背后的一

个很重要的逻辑是我们不差钱。与张江很多做消费类电子的设计公司交谈的时候，发觉高技术领域的精英们，对做品牌的认识与这些“乡镇企业家出身”的人有着惊人的相似。那就是将来有钱了，我一定做自己的品牌。

看来品牌是用钱砸出来的。是这样吗？总觉得不对，又很难说服与我聊这个话题的有钱的企业家、没钱的创业者。偶然听到一个说法，可以让我理解：从表面上看，品牌是一个商品上贴了一个logo（商标），从本质上看，这个logo在“说”一个故事，至少是一句话——“俺是好东西，买我没错。”学术点说，这个logo试图向她的用户严肃地陈述一个“长期的公开的承诺”。承诺其质量是“A”级别，承诺服务是3年保修，承诺产地是瑞士，承诺说明书上写的都是真的，等等，不管里面的内容是什么，都是承诺，“*Promise is a promise*”，说到做到是神圣的。尽管从教堂出来说了“yes”也不能降低离婚率，但是承诺就是承诺。有承诺的和没有承诺的，发自内心的承诺，是“麦田的守望者”，其中的难度不是钱，而是企业家的心态，是一种价值观。

那么我们的市场需要这样的东西吗？这是一个让人啼笑皆非的问题，按照德鲁克对企业的理解，这个东西是自然而然的。企业目标唯一有效的定义就是创造顾客。他认为，一味强调利润会使经理人迷失方向，甚至危及企业的生存，企业可能为了今天的利润而危害明天的利益。创造顾客，意味着管理应着眼于有效地利用各种资源，时刻把顾客利益放在首位，谋求企业长期稳定地发展。

还有一个统计数据，波士顿咨询集团研究了30大类产品市场中的领先品牌，发现“在1929年的30个领袖品牌中有27个在1988年依然勇居市场第一。在这些经典品牌中有象牙香皂、坎贝尔汤和金牌面粉”。像我们熟悉的一些海外著名品牌，也都有悠久的历史。如吉列（始于1895年）、万宝路（始于1924年）、可口可乐（始于1886年）、雀巢（始于1938年）。

这些定义和数据可以说服你做品牌吗？可以说清楚如何做品牌了吗？可以说明，品牌与钱无关了吗？

如果没有对品牌的基本理解，与钱有关的所谓品牌，都是“纸老虎”。

梳理企业和品牌的概念以后，我觉得无论你是“光膀子”、“赤脚”创业也好，还是含了“金钥匙”、拿了美金VC创业也好，你首先得是一个一诺千金的人。你企业的产品对用户是有承诺的，然后才是去打拼，否则你的产品是不是能够在市场上立足，不能被你的用户接受。一旦你的承诺被他们接受，你就拥有了客户。通过他们口口相传，当你的承诺被普遍接受的时候，你的品牌就是名牌。贴上这个logo的产品，在这个领域分类中的占有一定的地位，最好是在前七位之内。这样，你就有定价权，从而带来高额利润。这时候，品牌才与钱有关，而且不是花钱，是挣钱。

从这个角度看，你在创业的第一天就在做品牌了。因为“Promise is a promise”。

反过来讲，如果你不想做这种承诺，或者把承诺作为一个临时手段、挣钱手段，那就不要怪双汇把含有瘦肉精的火腿肠卖给你了。

2014/8/9

互联网正在重新定义“品牌”。

一是“**快**”**品牌**。“每个人有5分钟成名机会”的互联网环境下，一夜成名和一夜无名几乎夜夜发生，从而如雷贯耳的品牌无需百年酿成。TESLA在汽车界，小米在手机界，都让大众和诺基亚大跌眼镜。

二是“**泛**”**品牌**。手里拿的小米手机、平板，家里放着内置小米盒子的小米电视，还有小米路由、小米鞋子，据说还有小米房地产，这类品牌的模式以往是电影电视行业干的事，大量衍生品的收入会远远超过票房本身。

这个时候，品牌所代表的“承诺”，更多的是在精神层面，而不是具体的落实到某个“质价比”，这种品牌的演进，会让我们的生活越来越媒体化、电影化。

但为什么不呢？人生如戏。

36

向上看，向下看

2010/3/16

态度决定一切。常常怀疑一直存在脑海里的“唯物主义”哲学观点，感觉这个世界是唯心主义的，而且是主观唯心主义的。

比如“向上看，还是向下看”，这两种态度似乎决定了两种产业链定位：一是“向下看”，以降低成本为己任。二是“向上看”，以提高价值为企业目标。前者往往走向生产控制，后者往往走向服务品牌。当然，这么说有些武断，但是就在“态度决定一切”这个层面上，是值得大家去“武断”一下的。

我当过一些创业项目的评审，所处的语境常常是，我们要做中国的“某某”（这个某某是国外著名企业），为什么呢？因为我们成本低，可以卖得更便宜。甚至我们在做研发的时候也是这样的思路，我们这个技术研发成功可以替代某某技术，于是就可以降低多少成本。

为什么我们不换个思路？

我们要成为中国的“某某”，能不能比“某某”提供更“牛”的产

品——性能更好、质量更高、设计更合理新颖。这样即使我们的产品卖得比他们的贵，也可以打败他们，而且不单单是中国的“某某”，而是世界级的。

还有一个不可思议的现象，就是我们很多时候是知道如何“向上看”的，可做着做着变成了“向下看”。而且还想方设法“自圆其说”。比如在研发和品牌这两个事情上，就有很多“自洽”的说法。对于研发，都说是研发投入不够、钱不够，所以我们哪里投得起研发。但是很多企业有大把的钱，不说达到4万亿元的国企，就是大量不缺钱的民企，甚至“名”名企、“不差钱”的名企，一样把钱撒向房地产投机，撒向CCTV标王。对于品牌，其思路也基本如此，就是等我们的企业做大了，才会去做品牌，品牌是拿钱砸出来的，我们哪里有那么多钱。殊不知，品牌是靠长期的质量和信誉树立起来的，与钱无关。

因为这些关于研发、关于品牌的观点决定了行动，让我们许多企业走向了“向下看”的路。都是思路惹的祸。而且很多思路逻辑在根儿上就歪了。

有一种逻辑是：客户是上帝，当然以客户满意度为中心，当然要质量、要讲信誉、要讲服务，因此当然要注重研发，为客户提供比竞争对手更好的产品和更好的服务，当然也就自然而然有自我的品牌，而且视品牌声誉比生命还重要，因为无论谁负责这个公司，都是对这个品牌负责，客户面对的是这个牌子。

另一种逻辑是：企业以挣钱为目的，我们要从更多的客户腰包里掏到更多的钱，利润是目的，客户是手段，客户是谁不重要。因此，质量、信誉和服务都是在单笔交易、信息不对称情况下发生的，因此要强调包装、营销、促销，而且要快速交易。所谓品牌就是广告，要在所有TV上做广告。（也许这就是“研发”——营销的研发、广告的研发……）

我比较偏好第一种逻辑。因为在后一种逻辑下，三氯氰胺的事情，三鹿干了，蒙牛也能干，而且类似的事情会层出不穷，直到我们每个消费者都成为化学家、医学家、物理学家、生物学家……

所以，“向上看”还是“向下看”，从商业逻辑上说是向客户看，还是向钱看。

更细一点，即使大家都是向客户看，也有区别。是向客户的正面看——“追求高品质生活”，还是向反面看——“贪小便宜”，也就是说，一个好的企业和产品，不单单自己要“向上看”，而且要引导自己的客户也“向上看”！

但是为啥，我们的思路一直是“向下看”？

从前有个逸闻，有一位外国记者问过周总理：“请问为什么我们国家的人喜欢抬着头走路，中国人则喜欢低着头走路？”周总理回答：“因为你们在走下坡路，而中国人在走上坡路。”

通过最近的一个报道，可以看出特步和皮尔卡丹的差别。央视记者跟随网络打假团在淘宝网上购买了一双38块钱的特步鞋。到货以后，记者发现鞋的商标是特步的，但盒子不是特步的，后来记者便找特步的技术鉴定人员鉴定鞋子的真伪，该技术人员口头承认这的确是偷梁换柱的假冒伪劣产品，出于对自身利益的保护，当记者进一步要求特步技术人员出具鉴定结果以供后期维权使用时，被其主管无理拒绝。我们知道，口头鉴定缺乏法律效力，必须出具书面的、专业的鉴定结果，否则消费者不能进行投诉、举证、维权。和特步不同的是，皮尔卡丹积极地配合网络打假，皮尔卡丹希望通过这种方式打击网络假货，还消费者一个安全健康的购物环境。

这里就能看出“向上看”和“向下看”的区别了。

最近很热的导演卡梅隆有句话，说得很“男人”：“如果你定一个高得离谱的目标，就算失败了也在任何人的成功之上。”我们古代的《易经》中有句话也是这个意思：“取法乎上，仅得其中；取法乎中，仅得其下。”

让我们“向上看”！否则，就像特步的商标（一个叉，而不是耐克的“✓”）——“选择我，那你就错了。”

2014/8/9

这篇“千字文”在《张江报》的《一孔之见》专栏刊登后，博雅酒店的老板Tony专门电话给我，要请我为他酒店的三十多个中层干部讲一课。

博雅酒店在张江高科地铁站边上，一个房间1000多元一天，而附近的如家和锦江之星等，都在300元以下，这个定价明显是“向上看”，而且鹤立鸡群。通过这几年的运营，可以看出来这个定位是对的。博雅是威盛下属公司，在王雪红的“帝国级别”上与HTC应该是一致的。HTC手机的定价似乎也是“向上看”的。而这种向上看的思路，在亚洲范围内似乎是“独立独行”的，因为“made in china”无论是鞋子还是芯片，都是低价，我们是“价格屠夫”！

互联网带来更加可怕的价格冲击，那就是免费。那么这种“向上看”的意识还能适应当下吗？从单个商品看，“利润＝价格－成本”，低价就必须低成本，而高价不会有倒逼效应，所以我选择提价。而在竞争环境下，“总利润＝用户数×单项利润”，这是一个乘法，而单价是一个关联因素。如何选择，确实是伤脑筋的。

但是作为态度，“向上看”是对的，比如Tesla。

37

双赢免费

2010/4/7

说双赢，先讲一个双输的笑话：一对夫妻离异，根据法官的判决，丈夫应该把自己财产的一半转让给妻子，因此，丈夫开始出售自己的车、房。为了不让妻子平白无故得到一大笔财产，丈夫将自己价值几百万美元的车子和房子以十美元的“天价”出售，妻子固然没有得利，丈夫也损失了一大笔。

这个例子，我们叫它“双输”，是因为只考察了两个利益方，如果把用10美元买到车子和房子的家伙一起考虑进去，那就是“双输”加“一赢”等于零。

这算不错了，如果这位丈夫一把火把房子车子烧了，那真是双输了。如果因此连累了邻居的房子，汽车爆炸伤着了路人，震碎了隔壁小卖部的玻璃窗，那就是“多输”了。尽管“破窗理论”告诉我们这块玻璃的破损，会拉动玻璃的销售，以及玻璃安装工的就业，但还是别去做这种“双输”甚至“多输”的事情。

如何去双赢，要从解放思想开始。

双赢首先是一种心态，是“你快乐所以我快乐”，是“你情我愿”，是“别把事情做绝”，是“退一步海阔天空”，是“一口吃不成胖子”，是“己所不欲、勿施于人”，是“和谐”。

其次，双赢是一种技巧，是建设性的、跳出零和游戏的创新，其方法之一是开放性的、网络化的、多维度的模式创新。其中，开放性，就是把这个“双”，变成三、变成四，甚至N。网络化，就是把参与这个活动的方式，从单向变成双向甚至网状；多维度，是指多方投入产出的资源多样化。

如此双赢就变成了多赢。上个月在去南京的火车上，朋友拿了一本书《IP理论：网状经济时代的全新商业模式》（王建国著），其中很多内容实在有些牵强，不过关于打火机的案例提得不错。一次性打火机的销售，用户是抽烟的人，厂家直接通过广告、渠道去销售打火机，经过一路的讨价还价，对厂家来说是一层一层的利润减少，对用户来说是一层一层的价格加码，因为这个“game”（游戏）中的参与方很少。投入产出的资源就是简单的人民币换打火机，销售商和渠道在其中增值的可能性很小。整个过程零和。

解放思想。把打火机卖给饭店，印上饭店的广告，饭店把打火机免费送给来吃饭的客户。这个时候，角色参与者多了一个以前与打火机销售渠道无关的饭店，投入产出的资源多了一个“广告价值”。如此一来，整个过程变得更加顺畅：打火机厂家的销售对象少了，销售成本低了，而且还增加了印刷定制的增值服务；饭店花了区区1元钱打了广告，客人吃完了饭，还用着饭店的东西，客户满意度增加了；客人呢，有免费打火机用，当然好。

再解放思想，把可口可乐也加进来。饭店的打火机由可口可乐来提供，那样的话，饭店连这1元钱广告费也不用掏了。

再解放思想，在打火机本身的设计上做点文章，打火机与抽奖联系起来把福利彩票拉进来。

经济学家说在复杂关系中，总是有多赢的空间，当然也有“免费的空间”。因此从“免费”和“几乎免费”的角度去训练我们的多赢模式，是非常有益的。不仅能够带来商业模式的创新，也会带来技术的创新，当然也会让我们真正去研究“用户体验”。谁不想要免费的午餐?“免费的午餐”一词的来源就是19世纪初美国旧金山的酒廊，他们只要你掏钱买一瓶啤酒，就提供一顿免费餐食。你看，这里的“餐食”就是打火机。

看来解放思想，实在重要。

1978年12月13日，邓小平的文章《解放思想，实事求是，团结一致向前看》已经成为经典，大家不妨一看，可以体会解放思想的力量，还可以体会邓氏文风。

2014/8/9

最近有一个提法是“**羊毛出在猪身上**”。

“三”是一个神奇数，一生二、二生三、三生无穷。在打火机和饭店之间，引进了可口可乐这个“第三者”，就全盘皆活。Google免费为我们提供搜索服务，因为引进了想做广告的商家，否则谷歌按搜索次数来收费？

当纠结产生，两难时，寻找“第三者”！

38

邓亚萍的“木桶”

2010/5/24

木桶理论（Cannikin Law）是这样说的：一只木桶盛水的多少，并不取决于桶壁上最高的那块木块，而恰恰取决于桶壁上最短的那块。

另外一个“反木桶原理”是这样说的：木桶最长的一根木板决定了其特色与优势，在小范围内成为制高点。按照德鲁克（Drucker）的话说，就是“Build your performance on strength，not weakness”（把你的成绩建立在你的优势上，而不是劣势上）。

人生百年，36500天而已，那么是“木桶”还是“反木桶”呢？

我以前很得益于木桶原理，尤其是在高中。因为我数理化语文英语甚至政治都还可以，在理科中，物理常常能得100分，而一般数理化好的，语文政治都不咋样，而我恰恰比较喜欢文字性的东西。这样一来，我的总分总能名列前茅。当时不知道木桶理论什么的，但冥冥之中得了好处，因为高考要看总分。

大学毕业20年的聚会上，闲聊中，发觉很多人已经与当年的物理学家梦想无关了，但是大多也“混”得不错。还真是一个“混”字呢，其中包含了很多不确定性，比如在被问及在做什么的时候，答案往往比较复杂，做过N多的事情，现在在做的事情也是不日前刚刚上手的。说着、听着，总有那么一种不放心。相对而言，也有同学不是“混”的，尽管各有不同，但是对20年的描述都非常简洁，都能够“一言可以蔽之”，比如“我一直做超导研究”，“我一直在河北邯郸的政府呆着”，等等。

相对于复杂和模糊的前者，后者简洁但很有张力，可以看到后者很自信于未来N年的运营曲线，或者说对自己的未来很有把握。我蛮羡慕后者，而且越来越羡慕。因此也就越来越推崇“反木桶”，也开始推销“邓亚萍模式”的成功。

邓亚萍是乒乓球历史上最伟大的女子选手，1973年生，5岁起就随父亲学打球，1983年进入河南省队，1988年进入国家队，先后获得14次世界冠军头衔，在乒坛连续8年世界排名保持第一，是排名世界第一时间最长的女运动员，成为第一位蝉联奥运会乒乓球金牌的运动员，并获得4枚奥运会金牌。这个155cm的河南郑州人，被誉为“乒乓皇后”，在乒乓这个领域做到了极致。

在她人生的“木桶”上，“德智体美”四块板中，“体”成为最长的板子。后来她华丽转身，补上了其他的“木板”，而且同样是“驾轻就熟”。1997年后，她先后到清华大学、诺丁汉大学和英国剑桥大学进修学习，并获得英语专业学士学位和中国当代研究专业的硕士学位；2008年3月，邓亚萍顺利通过了博士论文答辩，她的论文题目是《全球竞争中的奥运品牌》，以北京2008年奥运会作为案例分析，从市场和商业价值的角度来研究奥运品牌。导师评价邓亚萍的论文角度非常独特，因为在学术上，还是首次有人从这个视角去对奥林匹克品牌进行严谨地研究。“奥运会是一个特殊的市场，特别是对于赞助商，他们投入大量资金，但收取回报的时间只有四年，很多人却不知道奥运的游戏规则，不知道这个市场该怎样做。我希望这篇论文能对这些赞助商，特别是刚进入奥运市场的企业起到借鉴作用。”2009年4月16日，邓亚萍就任共青团北京市委副书记，主抓宣传文化建设、青少年思想教育、全团外事与青少年对外交流和志愿者工作等。

在我看来这个工作对她是大材小用了。尽管萨马兰奇过世了，不过邓亚萍去国际奥委会担任更重要的职位，是很有可能的。

这就是邓亚萍的“反木桶”人生发展模式，如果进一步总结的话，有两句：一是“人生追求巅峰体验”。极致的专才太少太少，平庸的全才遍地都是；爬一万次佘山，能抵得上攀登一次珠穆朗玛峰吗？二是“一通百通”。能把一个事情做到极致，其方法可以移植到别的事情上。

你是支持“木桶”，还是支持“反木桶”？

2014/8/9

当邓亚萍把“反木桶”进行到底的时候，她却在“即刻搜索”这件事上闹了个大笑话。“单项冠军”变成“团队合作”，这个“坎”，似乎不是她的强项。

39

请你告诉我，我的需求是什么

2010/9/15

需求之不可知，就像爱情之不可知。电影里常有人捶胸顿足地说“你到底要什么？”

在IT领域，一波波企业明星、一个个产品被人们哄抢，也被人们遗忘。这就是市场，这就是客户。

每个人的需求是不可知的，是指他说不出自己的需求。比如你去问一个人，你要一件什么样的衣服？他会说我要一件白色的T恤。但是你给不了，因为太笼统。然后你会问，需要多大的？领口多大？袖口多大？是收口的还是卷边的？多长的？前后一样长，还是后面长一点，长几公分？是分叉的，还是不分叉的？全棉的？还是75%棉的？还是百分之几棉的？用的棉线是多少支的……你再往下问，对方可能急了。如果你是营业员推销T恤的话，你挨打的可能都有。在你的追问下，他够smart（聪明）的话，可以选择出一些“需求”来。但如果你不问，就让他写出对一件T恤的需求，大街上没有一个能写让你能够按照这个参数去投产产品的“需求”的。产品的需求是说不出来，无论你如何调研。

Steve Jobs就说，他做产品是不做市场调研的。

个别的需求不可知，是不是宏观的需求也不可知？群体需求是可知的？好像是这样。

马洛斯（Abraham Maslow）在1954年出版的《动机与人格》一书中提出“需求层次论”（Need - Hierarchy Theory），说人的需求有五层。1970年的新版书中加了二层，说需求有七层：

（1）生理需求（Physiological Needs），指维持生存及延续种族的需求；

（2）安全需求（Safety Needs），指希求受到保护与免于遭受威胁从而获得安全的需求；

（3）隶属与爱的需求（Belongingness and Love Needs），指被人接纳、爱护、关注、鼓励及支持等的需求；

（4）自尊需求（Sself - Esteem Needs），指获取并维护个人自尊心的一切需求；

（5）知的需求（Need to Know），指对己对人对事物变化有所理解的需求；

（6）美的需求（Aesthetic Needs），指对美好事物欣赏并希望周遭事物有秩序、有结构、顺自然、循真理等心理需求；

（7）自我实现需求（Self - Actualization Needs），指在精神上臻于真善美合一人生境界的需求，即个人所有需求或理想全部实现的需求。

马老师还说，这七层需求是分级的，只有满足了1才能想2。这是我比较迷惑的。因为“生命诚可贵，爱情价更高，若为自由故，两者皆可抛”啊。我们古代文人和中世纪的骑士，似乎把尊重放在第一位，所谓士为知己者死。

回到需求的概念，为什么姑娘们要冒着走光的风险去苹果专卖店订购高级玩具iPad、iPhone4？在等车时候拿出iPad摸来抹去，iPad满足了他或者他们什么层次的需求？有人直接说iPad和iPhone是直指人心的“惊艳”神器。

“直指人心”，可以从四个完全相反、不搭界的角度进行细化。

（1）我们实际上是有需求的，只是我们不会表达，或者不自知，现在Steve Jobs拿出iPhone，我们狂喜，我就是要这个啊，原来它叫做多点触摸。这有点佛教的棒喝顿悟的意思。

（2）我们实际上没有什么需求，脑子里一片空白。世界上有一个Apple教，有上亿的Apple教信徒，我们被Steve Jobs这个教主迷惑了。就像我有一个笑话没听懂，为了掩饰自己，大家笑了，我也笑。

（3）需要别人告诉我，我的需求是什么？我们历来如此。世界上存在两类人，一类是告知“你需要这个”的人，另一类是选择“Yes or No”的人。

（4）世界上本来就没有什么需求不需求，20万一个包包有人买，10元的环保布袋也挺好看。萝卜青菜、各有所爱。就像射击，一种是指哪打哪，还有一种就是打哪指哪。都是高手！

看来需求还是不可知。所以要做出满足用户需求的产品，是一个伪命题。

在网络时代，需求是个统计概念，是风尚、媒体化的，甚至是social media（媒体社会化）的。你要悟道，悟的是意识形态的道。

因为低碳，悍马公司才倒闭。或许当“开电动车才是文明”成了风尚，BYD（比亚迪）电动车才会有未来，但是现在的BYD有点“挂羊头卖狗肉”，不够真诚。

我的需求是什么？请你告诉我，用你的产品告诉我。如果你的产品直指我心，看来你是悟道了——马洛斯概念叫metaneed（衍生需求）。

2014/8/9

人心叵测是贬义词。

最近有恶搞者拓展了马洛斯的理论，说无线上网成为基本需求。但这个恶搞却无意中揭开了一个“潘多拉盒子”，就是在网络世界、信息社会中的“人”，他的需求是什么？也符合马洛斯的层次论吗？——至少这个金字塔模式是不合适的。

人们对不确定的厌恶倒是一直坚持着。大数据的应用，从个性化推荐到人工智能的预测，都指向一个事情——“我知道你想要什么”。

我觉得这件事，是不太靠谱的，而靠谱的是“裹胁”！

40

创业四问“NSDB”

2010/5/31

“NSDB”，是四个英文单词的缩写。串起来讲就是提出洞悉市场需求（needs）的解决方案（solution），并透过与竞争对手的差异化（differentiation），为顾客创造最大的效益（benefits）。

听着很“台湾”，有没有？这还真是中国台湾工研院提出来的一套创新方法论。

我们的“master plan”（研究生创业大师计划）就用它来鉴别“大师项目”。具体细化来说，这四个方面可以展开如下。

1．可遇不可求的需求（Unmet Needs）

通俗说，项目是为“谁”解决“什么问题”，实际上就是真正意义上的市场定位。不是对准什么用户，而是对准用户的需求。而unmet说的是内在需求。好的项目，就是能够“直指人心”，让用户或客户怦然心动。这是需要深度思索的，就像Steve jobs说他不做市场调研一样，在他做出iPhone摆在我的面前之前，我想不出多点触摸是啥玩意，说不出我喜欢的手机是什么样子的。

很多创业项目没有考虑needs（需求）有两个原因，一是因为习惯了Copy to China（山寨），很多投资商也常常是这个思维（你这个东西国外有成功案例吗？）；二是因为国内很多科研项目都不是问题导向的，而是论文导向或者说是“国家课题”导向。

2. 快速做出令人信服的概念产品（Compelling Solution）

知道了需求，就要落实解决方案。你是如何解决这个问题的，其目的是概念证明，或者是概念证明的技术方案是什么？

“Master plan”关注技术创新。因此有点像填写“863”科技表格，要大概描述你的技术实现路径和创新点。通过对这个solution解决方案的梳理，让创业者知道瓶颈和陷阱可能在哪里。当然这个技术方案是实现特性、功能等某种用户体验的。

3. 显然的差异性（Superior Differentiation）

这里说的竞争对手有三类，第一类是现在你要PK的“大佬”，即便是鸡蛋碰石头；第二类是现在类似的公司，如果你是“Copy to China”，那么这就清晰了；第三类是你的产品和服务一旦发布，会马上跟风的。

所以solution（解决方案），体现的是跟别人、跟竞争对手、跟可能马上跟上来的竞争对手相比的差异，它与市面上类似的方案相比，有什么特别的、别人难以企及的、一般不好实现的特点？（专利等方面也在其中）。这个差异，就是定位，就是卖点。

4. 盈利能力和产业影响力（Benefits）

这里包含一个大问题和一个小问题。

大问题是你的这个东西一旦上市，会引发什么样的效果，对产业局面有何影响。小问题是你的客户愿意花多少钱买你的东西。简单的加减乘除一下，算一算理想情况下一年挣多少钱。这个问题要算，因为这样你可以去考虑如何接近你的用户，如何让你的客户知道这个产品、获得这个产品、享用这个产品。

最近重新琢磨《Google十诫》，发觉前两条最重要，而且可以指导“NSDB”，那就是：

一切以用户为中心，其他一切纷至沓来。（Focus on the user and all else will follow.）

把一件事做到极致。（It's best to do one thing really, really well.）

做一个广告，如果您有项目提交给“master plan”，请回答这四个问题先！

2014/8/9

“NSDB”方法论到目前为止屡试不爽。但凡不能够清晰回答出这四个问题的项目大都消失了。以前讲到需求的不可知和这里讲的没能发掘的需求

(unmetneed)，实际上是一个意思，都表示有很多的不确定性——实际上，**需求、解决方案、差异性和利润**，这四个方面多有不确定性，这是一个循环，是个滚动的轮子，而推动这个轮子的是“企业家精神”。

最近很多人在互联网创业中讲两个观念，一是**精益创业**，二是**快速迭代**。而从“NSDB”的“四轮驱动”来看，这两个观念是紧密相关的。只有“NSDB”的快速迭代速度越快，创业就越精益，而unmet(未发掘)的需求，或者是未被发掘的客户愿意付钱的刚需，其唯一的方式是“尝试”，要用最快最有效且最有竞争力的解决方案(solution)，使用户和自己获得双赢。

能够走通这个循环的人是幸运的。

因为需求可遇不可求，所以听取内心的声音是最好的。

41

为谁解决啥问题？

2011/7/14

最近见到很多富有激情的创业团队纠结于一个问题——“你这个产品解决了谁的什么问题？”我常常念咒语一样地问这个稀松平常的问题。

这个问题有两个关键点——“谁”和“什么问题”，而且我要求“谁”很具体，不能是一个泛指的概念，就是不能是中小企业、不能是白领，等等。有一个项目的名称是“私有云交付平台”，三个很不错的小伙子开发了半年多。其中一个回答这个问题的时候想了想，说是为中大型企业解决计算资源利用率不高的问题。这里面术语太多，除了他本身的技术背景影响以外，还因为IT业界本身就喜欢造一些新鲜的概念。解释一下，计算资源利用率不高的意思就是，比如一个企业分别为“ERP”、“MAIL”应用买了5台和2台服务器，配置还不低，4个CPU、1G内存、1T硬盘等，这些都叫做计算资源，但是实际上用不了那么多，所以这些资源闲置就会产生利用率不高的问题。我继续追问了几个小问题，“具体到谁？”他说不出来。中大型企业比如张江集团吗？他说当然。“那么集团领导怎么知道有闲置的问题？他肯定是问信息中心或网络中心主任，而网络中心主任去问谁，当然去问业务部门，业务部门会说“对，我们的服务器是买多了”吗？不会的。网络中心主任会回答老总说“我们不存在计算资源利用率不高的问题”。我又举了个例子，我们的笔记本电脑、手机，都有“计算资源利用率不高”的问题。我们只是收发邮件，处理WORD和PPT，哪里用得了双核的2G CPU？这是整个IT工业界的产业状态。因此IT资源利用率不高，不是张江集团的问题（至少很难判断这是否是一个急需解决的问题），因此他们的私有云交付平台产品，张江集团不会把它列入采购清单，不管是贵还是便宜。他有点沮丧，不过他坚持说“这是我与他对私有云的理解不同造成的”。唉，这就是GEEK的技术驱动逻辑。

还有一个项目，是解决大型企业中的知识管理问题。创业团队的人这样描述问题：一个上千人的企业中，大家知识各有不同，比如一个人力资源部的人可能很熟悉一个客户，可以简单地解决与客户接触的问题，但是他不在销售部。再比如广告部门要写策划案，但是恰恰技术部门的一个员工有很好的创意天赋，他可以10分钟搞定的事情广告部门却要外包给4A公司并花了10万元；更进一步，三年前解决过的一个客户的问题，因为当时没有好好记录，新来的员工又重复了一遍当时的处理过程，而且处理得还不如以前好。所以他说，我要开发一个类似Wiki的知识管理平台，让企业内部的所有人能够share（分享）知识，共同学习成长。

还是同样的问题，“能不能具体说为那个客户解决知识管理问题？”回答还是同样很犹豫。我又以张江集团为例，请他分析为什么张江集团这样的大中型企业需要一套知识管理平台，或者用时髦的话来说，需要知识云？一个集团公司的管理是有条块分割、层级化管理的，因此财务部做的决策，市场部怎么参加？作为集团的员工，即使我是某一个方面的技术专家，而且就算大家都知道，如果我不在决策层，我怎么能够参加决策？即使我写过很多文章，发表过很多报告，我如果要发挥这个专长的话，最直接的方式不就是调到另一个部门去？如此看来，就算集团里确实存在知识共享不够的问题，也是人力资源部能否人尽其用的问题。而且如果用这套知识云来解决这个问题是以改变整个集团的组织架构和决策咨询架构为前提的话，那就说明不会成为“问题”。

这个团队负责人也有点沮丧。他最后说我要考虑一下，因为很多研究所和大学是需要这个东西的。对，他似乎找到了一个方向。但当已经木已成舟的时候，手里拿着一个产品去寻找用户不如在开始开发的时候就对准××用户的××需求。

在互联网界这个问题更严重，因为常常Copy to China（山寨）。国外有一个应用“火”了，或者拿到了巨额的风险投资，我们这里就赶紧开始做一个中文版本的。至于国外那个团队为什么要开发这么一个东西，为什么得到热捧，一概不知或者说没有时间去思考，因为时间就是金钱，这个金钱是风险投资。

人们常常纠结于的另外一个问题是“技术驱动还是市场驱动”的问题。这也是被很多科研工作者诟病最多的地方，当然也是很多学校和研究机构不屑于参与的一个话题。这个时候，我常常会提出这个同样的问题，那就是“为谁解决了什么问题？”

这个问题跳开了技术和市场，是这两个驱动力的交集。

创业最好从解决“谁”的问题开始，否则失败了那是你的问题！

2014/8/9

这个“谁”，如果指消费者，我觉得最好是有名有姓的人，至少是你自己；如果指商家，应具体到有单位地址，最好是他老板和你认识的“单位”。

最麻烦的是，“谁”变成了统称，比如广大青少年、比如中国2000万中小企业。

42

四轮拉杆箱和iPhone

2011/10/8

如何打动用户的心?

这个问题在日益趋向时尚化的消费类电子领域，似乎是一个难题。因为乔布斯只有一个，iPhone等产品能够成为“神器”，秒杀全球高端用户，只能说“乔帮主”能够“洞见”我们的需求——关键是这个需求我们自己都不知道。

我们是什么样的消费者?在消费者的购买行为中，理性和冲动，哪个是关键的因素呢?俗话说得好，女人和孩子的钱好挣。而现实证明，冲动是消费过程中的“临门一脚”。在某个节日中，以理性标榜的我的一次消费过程也证明了这一点。在广阔无比的海宁皮革城，我连续走了10多个店铺，在见识了琳琅满目、赏心悦目的旅行箱以后，在傍晚店铺打烊前的最后1分钟，我交付900元、被找回20元，完成了一个交易——我买了一个

20寸Balla牌子的四轮牛皮拉杆箱。与其他国外几个品牌相比，价格便宜很多，做工也不差，因此我很心满意足。还有一个更深层次的原因是我寻觅一个四轮拉杆箱已经很久了。请注意是四轮。

在长假结束的时候，当我猛然看到新的拉杆箱与旧的那个并排放在一起，这才明白过来，于是在内心狠狠地骂自己：又冲动了不是？这是你想要的吗？还真不是。

对于经常出差的我来说，我用过四轮拉杆箱，所以理性分析的话，我一直惦记着要一个新的四轮拉杆箱的原因无非是两个：一是两轮拉杆箱的箱子里面东西装多了，拉起来蛮压手的，尤其是浦东机场的国航航班，一走就是25分钟，压得我不停换手，而且候机的时候逛书店什么的，四轮的箱子很方便，用脚一推就可随身移动；二是原先的几个四轮拉杆箱，其杆子的设计依旧是为了拉，而不是为了推，所以一推起来就“跑偏”，遇到小沟坎，更是不方便操控。

按照这么说，理性的我在购置新的四轮拉杆箱的时候，应该选择能解决以上两个问题的产品。但是，我心满意足买回来的法国Balla牌（有点达芬奇的意思，实际上海的本地品牌）是啥样？这个箱子很好看，暗格子花纹很精致，提手部分也是皮的，而且还很软很厚。但是显然有两个缺点：一是宽度不够，容量很小；二是拉杆还是两轮拉杆箱的设计，在箱子的一侧无法推动。这两个缺点在一个四轮拉杆箱上出现，就体现出我自己的可笑来了，既然容量小，放的东西就少，就不会很重，这样即使换成两轮拉杆箱，拉起来也不会压手，那我为什么执著着非得要买个四轮的?！要知道四轮的贵出将近30%的“银子”！再说，就算容量小，往里面放金砖也会沉甸甸的，那就需要推而不能拉，那么我就要选一个可以纵向推着走的拉杆，不，是推杆设计，但我挑三捡四地，最后还是买了拉杆！

我内心里那个付钱的我，低着头，羞愧难当，能说啥呢？我当时就是盯着“四轮”两个字、盯着砍价了，从1500元砍到880元，我容易吗?！是啊，真不容易。

然而，是不是该说说这个产品的设计者，他设计这个产品的时候，像理性的我这样想了吗？武断一点说，估计没有。

但是Steve Jobs有。iPhone一直坚持用3.8寸的屏幕，而没有用豪华的4.3寸，是因为我们一手握着的时候，我们的大拇指最多只能够得到3.8寸屏幕的右上角，除非你用两只手。

KK最近的博文说，最懂产品设计的人不是在公司内部，而是用户，尤其是××迷，他用了一个词是“aficionado”，可以翻译成“业余专家”。那么，我是吗？

2014/8/9

KK说的业余专家，现在有个新名词，叫做体验官（Chief Experience Officer），简称也是CEO。这是巧合吗？

对一个拉杆箱那么在意的我，合适做这个CEO吗？

43

创业团队之“3C”

2010/6/2

“孵化器”中一个项目团队的负责人这2个月非常忙，几乎不见人，连Mail和短信也不回。最后好不容易找到他，大家坐下来开会，发觉在这段时间里，他在技术开发、业务开拓甚至生活上都遇到了不小的、意想不到的困难，但都自个儿在担着。但是毕竟力量和资源有限，“摁下葫芦浮起瓢”。他吃不好也睡不着，一团乱麻、一堆苦水，说着眼泪都下来了。在座的每个人听了心里都不是滋味，但都把“吃力不讨好”和“好心办坏事”写在了脸上。很显然，他是个体户，不懂合作、不懂团队，不知道在座的四位同仁都是团队成员，而他是这个团队的队长。他一直说自己是一个负责任的人，会对项目负责，可是他把项目变成了自己一个人的项目，所以他的负责，本质上是对自己负责，而不是对团队负责，更不是对项目负责。

风险投资商在投资项目的时候，判断标准不同，但是有一点是一致的，就是他们投的不是项目，是团队！什么是团队？好像没有人去认真思考过，马云把《西游记》的唐玄奘、孙悟空、猪八戒、沙僧四个人定义成完美的团队组合。但这不算定义。

我比较认同路易士·麦克莱尔（Lewis McClear）的定义：团队是由一群认同并致力于去达成一共同目标的人所组成，这一群人技能互补、相处愉快并乐于工作在一起，共同为达成高品质的结果而努力。（A team is a small number of people with complementary skills who are committed to a common purpose，performance goals，and approach for which they are mutually accountable.——Katzenbach and Smith，1993）

这个定义非常契合创业团队，尤其是互联网创业团队。其中关键词有三个：

（1）共同目标（Common Purpose）

这个目标是大家一致认可的。目标有两类，一是宏观的愿景，让人热血沸腾的那种，比如实现共产主义社会。二是微观的任务，用“smart”来标定的目标，在一定时间内完成一定的指标。

（2）互补技能（Complementary Skill）

通俗说，一个好汉三个帮。还有一个说法是，两个哈佛的MBA（一个负责市场和融资，一个负责用户和产品定义）和一个MIT的技术高手（负责实现）的“三人行”组合，是VC的最爱。

互补不是加法，而是乘法。设计60分、开发60分、市场60分，结果不会是60分，最糟糕的可能是0.6×0.6×0.6，只有21.6分。

互补是互动，是共同进步。生物学中有一个“群体协同演进”（coevolution）的概念，形容两个物种互相影响对方的进化过程，在共同合作中彼此变得强大。

（3）相处愉快（Cheerful Work Together）

不快乐，别创业。一个快乐被分享，会变成两个快乐。而且你在做的产品本身肯定是为了帮别人解决问题，是为了满足客户的需求，是“让人愉快的”。如果不是？那就别去做它！

快乐与困难无关，快乐的团队可以分享困难，让它变成了1/2个困难。

快乐甚至与失败无关，失败了又怎样，可以重新再来。团队解散了又怎样，相聚是缘，咱们后会有期。

那么什么样的人可以作团队负责人（Team Leader）？且听下回分解。

44

创业团队之 Team Leader

2010/6/4

有一个古老的故事说，在一个教堂的建设工地上，叮叮当当，有三个石匠汗流浃背地打凿石块。一个神父过来问这三个石匠“都在做啥呢？”第一个石匠觉得这个问题很无聊，口气无奈地说：“挣钱吃饭、养家糊口啊。”第二个石匠头也没抬，一边敲打石块一边说：“这块石料多好，我要把它做成最好的石柱，我可是这里最好的石匠。”第三个石匠停下手中的活，直起腰、微微一笑看着神父，眼中带着想像的光辉，说：“我们正在建造一所世界上最有特色的大教堂，半年后保证让您吃惊。”第三个石匠，适合当Team Leader。

前一篇文章中提到一个创业团队，尤其是互联网的创业团队，要有“3C”，分别是共同的目标、互补的技能、愉快协作。而第三个石匠，恰恰是能够成就这样的一个团队的。首先，他胸有成竹、心中有目标——在六个月内建成世界上最有特色的大教堂。这个目标很有想象力，是一个愿景，同时也很符合“smart”特征，是一个明确任务。相信他能够在这六个月中，不断地想着这个目标，落实这个目标。（把最有特色放在里面，就满足了我们对项目判定的“NSDB”原则。）其次，他也是一个好石匠，不是光说不练的主儿。更值得注意的是，他说的话中，主语是“我们”而不是“我”，是复数，不是单数，他知道有其他两个人，或者更多的人在一起做事，是有分工的。最后，他在微笑，眼中“有想像的光辉”，说明他是一个乐观向上的人，相信他有能力让第二个石匠也很快乐，很快乐地得到“高级石匠证书”。也应该相信他能让第一个石匠干得很开心，让他能够挣够奶粉钱。

从第三个石匠身上，我们似乎可以这样总结，要成为Team Leader，需要具备如下的特征。

（1）面带微笑。乐观向上，最好看起来很阳光，即使少言寡语，也绝不郁郁寡欢。在代表团队对外合作、谈判中，微笑能让对方如沐春风，首先自己要微笑。马云认为一个领导者要将快乐展示出来，“*任何一个创业者，永远要把自己的笑脸露出来。让员工快乐工作是好雇主应该做的事情。*”好雇主如此，好leader更加如此。

（2）目光坚毅。能够“盯死”，需要比队员更多的自信、更强的忍耐力、更深刻的对目标的理解力，还要在过程中，不断地“忽悠”宏观目标，强化微观工作。这个“目光”是发自内心的、一诺千金、自信并且信人。

（3）脑子快、有想象力，喜欢“brainstorming”（头脑风暴），尤其是喜欢与人沟通。

（4）手脚利索。自己手头的活儿要好，担任的角色其他人很难胜任。

（5）埋头工作抬头看。这个很重要，这样才能不断地让自己有全局观，去冷静地思考目标是不是偏离了？整个项目中的资源缺陷在哪里？哪里去找补缺的人？大家士气如何？干得开心不？第三个石匠就是这样，趁着神父来，他停下手中的活，直起腰来。这就是埋头工作抬头看。他看到的是六月后的大教堂，看到的是“我们大伙儿”，看到的是“神父听到他的回答以后也开心的笑了”。

忙者，心亡也。第三个石匠忙里偷闲，是有心人。世上无难事，只怕有心人。

OK，一个Team Leader就是这样的：面带微笑、目光坚毅、脑子灵光、手脚利索、“心”有成竹。

对互联网创业，雷军有一个很具有操作性的表述：“一次完美的互联网创业，最好是技术、产品高手搭配的两三人创业，三到六个月内完成产品，再用半年到一年测试完善产品，达到初步成功的门槛，再寻求融资，摸索成功的商业模式，然后投入大量资源推广，形成规模化业务。初步成功，我有一个简单的标准供大家参考，就是产品推出半年到一年时间，网站页面过一百万PV，或者客户端产品日净增安装量1万次，而且用户数还在持续增长。”

“第三个石匠”，听到雷军说话没？移动互联网等着你。“Master Plan”等着你。

2014/8/9

这几篇关于创业的文章，都是2010年的夏天写的，当时运营一个小型“孵化器”，有一个高大上的名字是“研究生创业大师计划”（master plan）。

一年的密集沟通是我一个很好的学习经历，向那些“90前”才俊学习如何创新创业。在这过程中，有机会大量接触那些正在创业中，或者创业成功的企业家，让他们也加入到“创业导师”的行列中，在学习过程中，我总结了判断项目的“NSDB”方法，以及团队的“3C”。

现在看来这些还是蛮实用的。

我现在发起参与的“IC咖啡”项目，已经演变为一个智慧家居和可穿戴的专业孵化器，在资金的获得上，也多了众筹、kickstarter等手段，这些经验依旧有用。

第四辑 山寨

微创新的野蛮生长

涌现的——尽管看上去多少都有点跃进——最佳诠释是它是事件发展过程中方向上的质变，是关键的转折点。

要想洞悉一个系统所蕴藏的涌现结构，最快捷、最直接也是唯一可靠的方法就是运行它。要想真正“表述”一个复杂的非线性方程以揭示其实际行为，是没有捷径可走的。因为它有太多的行为被隐藏起来了。

——KK《失控》

45

硬件开源 新山寨

2010/6/4

开源（Open Source），就是把软件的源代码公开。

最近在开源软件的聚会上结识了做开源硬件的新车间负责人李大维。因为我一直纠结于开源、免费、开放、封闭这些由“软件开源”引发的争论，他的一句话对我有点醍醐灌顶般的效用：“华强北的山寨手机、重庆的摩托产业为什么能够繁荣？就是因为硬件的开源。”

“开源软件”，首先是一个带点哲学意味的运动，是由黑客们发起的反商业化（或者说是反微软）、强调“freedom”（自由）的运动。

关于Freedom的定义，这个Free是指“自由”（liberty），而不是价格上的免费（no charge）。为了回归本质，我把“开源软件”运动关于自由定义的原文列出来，“自由”总共有四个：

（1）The freedom to run the program，for any purpose（freedom 0）.（0号自由：不管用来干啥，你可以自由运行该程序。）

（2）The freedom to study how the program works，and change it to make it do what you wish (freedom 1) . Access to the source code is a precondition for this.(1号自由：自由地研究它如何工作，改变它使它为你所用；其先决条件是进入源代码。)

(3) The freedom to redistribute copies so you can help your neighbor (freedom 2).(2号自由：你可以自由分发这个软件的拷贝。)

(4) The freedom to distribute copies of your modified versions to others (freedom 3).By doing this you can give the whole community a chance to benefit from your changes. Access to the source code is a precondition for this.(3号自由：你可以自由分发经你修改过的软件拷贝。这样可以使得社区中的所有人因此获利，其先决条件也是进入源代码。)

这里可以看到，这四个“自由”很简单，但确实具有革命性，难怪微软很恼火。软件作为一种价值不菲的数字产品，按拷贝销售成就了以微软为代表的软件产业。

开源现象的出现，一开始就有些针对微软。但是一个奇怪的事情是，开源的Linux，以及Linux上面开发的各种各样几乎可以与微软一一对应的产品，并没有打败微软，甚至也没有让微软降价。还有一个奇怪的现象是，既然都不挣钱，为啥有那么多人捣鼓开源软件？红帽子公司的上市是以Linux的服务为商业模式的，但是也仅此而已。而编写Linux的Linus Torvalds也没有因此成为另外一个Bill Gates，他刚刚移民美国，从资料上看，他只是个中产阶级。

在接触了很多国内开源社区的热血青年后，发觉“开源运动”在商业社会中存在两个“理想和现实”悖论，我们可以称之为“切格瓦拉悖论”。仔细分析有两层意思，一是“革命悖论”：一个革命家，以革命为终身职业，最后肯定“革”了自己的“命”；二是“开放悖论”：开放的边界是什么？当开放了全部，就是封闭，不是吗？

还有一个让苦苦熬夜、挑灯夜战的开源的热血青年大跌眼镜的真相是，开源运动的“如火如荼”，真正的推手是IBM和Google这样的商业巨头。

IBM利用Linux服务器，在PC服务器领域获得巨大市场成功。而Google——“Android目前的风头之劲无人能及，时至今日，各大智能手机操作系统阵营的代表机型几乎都已经被Android系统攻陷，Android又把触角伸向了平板电脑、智能电视及汽车，四处出击、全面开花的Android大有一统江湖之势，一个Android帝国已经隐隐浮现。”

马云说倒立看世界。让我们倒过来看开源运动，会怎样？

尽管开源一开始有点颠覆微软霸权的意思，但目的是为了繁荣软件。可如何繁荣硬件呢？

我们的“GNU”授权体系是国际化的，为什么不能是地方化、行业化，自由设置一个地理边界？在这样的前提下，不就可以从草根自发驱动变成政府主流驱动了？比如政府支持的科研项目，其缺省的条件就是开源，地方政府支持的科研成果变成了行业开放的，就可以驱动地方产业链的发展。

从这个角度去理解深圳山寨手机和重庆摩托的繁荣和发展，是不是能够给予我们更多的借鉴。

2014/8/9

李大维与Silvia合写的论文《新山寨》，据说是Silvia的博士论文。他的新车间创客空间，在浦东软件园“落地”了一个“蘑菇云”的版本；《第一财经》也在2014年8月上演了《创客星球》节目，走的是“智慧硬件”的电视众筹模式。但是，这一切都似乎只是开始，似乎永远是开始，尤其是我们用商业的逻辑去评判“开源”的时候，这种尴尬总是让人无法面对。

李大维一直是开源硬件的传道者，最近他已经明白“要从娃娃抓起”，开始面向朋友开放夏令营。北京的陆首群和计算所的倪光南院士，一直在推广“开源”。不过我似乎没有那么乐观，也没有那么坚毅，悲观的原因是，开源的基础是对“自由”的理解，可惜这个词天生没那么容易。

46

原始创新和微创新

2011/6/16

最近“微创新”这个词很热门，主要是因为创新工场的李开复、360的周鸿祎等导师级人物都觉得微创新是中国互联网企业的成功之路，而且把苹果公司也拉入微创新的阵型中。

微创新，基本上是相对于原始创新而言的，有三个含义：一是小，二是锦上添花，三是快。所谓一万年太久，只争朝夕。当然也有人对此嗤之以鼻。

什么是原始创新？原始创新就是指重大科学发现、技术发明、原理性主导技术等原始性创新活动。更学术一点讲，原始创新是指“元创新”（Meta-Innovation），即一种观念上的根本性创新。原始创新成果通常具备三大特征：一是首创性，前所未有、与众不同；二是突破性，在原理、技术、方法等某个或多个方面实现重大变革；三是带动性，在对科技自身发展产生重大牵引作用的同时，给经济结构和产业形态带来重大变革，在微观层面上引发企业竞争态势的变化，在宏观层面上则有可能导致社会财富的重新分配和竞争格局的重新形成。

还可以延伸出一个概念是“衍生创新”。原始创新就像是一只“老母鸡”，它生了许多蛋，孵出大量小鸡来。“小鸡”都是“衍生创新”。

从肯定角度看，微创新是一种衍生创新。从否定角度看，所谓创新，是没有微不微的，是有规律可循的，就像怀胎十月，急了流产甚至早产，晚了就生出巨婴甚至胎死腹中。

2003年美国国家研究顾问团，对信息产业的19个关键技术的研发和产业化进行了系统的研究，给出了一份《信息技术创新》(Innovation in Information Technology)报告。这个报告涉及的19个关键技术如下。

(1)分时处理(Time Sharing)；

(2)客户端服务器架构(Client/Server)；

(3)图形(Graphic)；

(4)图形界面(GUI)；

(5)工作站(Workstation)；

(6)娱乐(Entertainment)；

(7)因特网(Internet)；

(8)万维网(World Wide Web)；

(9)局域网(LAN)；

(10)“最后一英里”宽带(Broadband Last Mile)；

(11)超大规模电路设计(VLSI Design)；

(12)精简指令处理器(RISC Processors)；

（13）磁盘阵列（RAID Disk Array）；

（14）便携通信（Portable Communication）；

（15）语音识别 Speech Recognization）；

（16）关系数据库（Relational Database）；

（17）并行数据库（Parallel Database）；

（18）并行计算（Parallel Computing）；

（19）数据挖掘（Datamining）。

之所以不厌其烦地列出这些技术，是因为每一个技术都在10~15年之内产生了N个10亿美元（1 billion）的企业。还因为当我们看到Intel，看到IBM、Oracle，看到Yahoo、Google这些企业成功的时候，还要看到其背后是什么。这些公司大部分在美国本土产生，是为什么。

这份报告有两个规律值得大家记住。一个技术从开始研究到成就10亿美元产业，一般周期是10~15年。这个周期一般均分为三个阶段：第一阶段是企业和大学的互动研发，第二阶段是初创企业的第一代商用产品开发，第三阶段是大规模应用和10亿美元产业形成。

以关系数据库为例。1970年6月，由IBM的Edgar Frank Codd最早提出，然后伯克利等大学参与互动研发。1977年6月，大三辍学的拉里·埃里森创办软件开发实验室（Oracle公司前身）。1983年Oracle 3.0数据库产品获得市场成功，IBM紧跟着发布了DB2。1986年Oracle公司上市，1990年收入达到10亿美元。

与Oracle公司顺利地从第二阶段发展到第三阶段不同，研究报告中还提出了一个有趣的现象，第二阶段过渡到第三阶段的企业，50%以上不是连续发展的。这也许是从商业角度考虑，并且给“抄近道”、“螳螂捕蝉黄雀在后”的黄雀思维，以及VC的PE化，甚至“全民PE”提供了理论依据。

仁者见仁智者见智。但是我希望创业者，尤其是高科技领域的从业者从中看到的是“不经历风雨哪里得彩虹”。更希望我们的地方长官、“土地经营者”从中看到，创新型国家、区域创新及自主创新示范区是有规律可循的，十亿美元的创新产业是从创新的土壤中生长出来的，而不是招商招来的。

微创新，如果这个“微”中含有走捷径的意思，我反对。

2014/8/9

“斯诺登事件”后，去“IOE”(IBM、Oracle、Emc)成为信息化的基调。一些国产服务器市场占有率居然还真的提升了很多，难道大家真的不知道这些国产服务器里，除了外壳和主板以外，依然是Intel、AMD等美国公司的核心芯片吗?

最近提的“自主可控”，把“创新”两个字隐去了，是因为我们认怂了，意思是要在核心技术上超过是不太可能了，那么我们退而求其次，可控就可以？

这件事在逻辑上很纠结。一是“只有信息安全才能有网络国家”这个推理不一定成立，因为从这个逻辑看，全世界没有几个国家可以称得上国家了；二是从国家信息安全看，安全的根本是对抗性安全，就是你要打得过来犯的敌人才行，你把门关起来，等别人来攻，这策略一开始就输了一着。

如果GDP第二位的大国有责任发展自主可控的信息技术的话，那么只有两个基本点，一是**必须原始创新**，二是**必须让这些创新产品在全球市场上有第二的占有率**。

47

狗命

2012/2/14

企业有寿命，就像人肯定要死一样。

英国有一个300年俱乐部，只吸收300岁以上的公司为会员。世界上不乏“高寿”的跨国公司，如瑞典的斯托拉造纸和化学公司始建于13世纪，日本的住友集团已有100余年的光辉历史，美国的杜邦公司已近200岁，英国的皮尔金顿已领风骚171年。

但是据美国《财富》杂志报道，美国大约有62%的企业寿命不超过5年，只有2%的企业能存活50年。中小企业平均寿命不到7年，大企业平均寿命不足40年。一般的跨国公司平均寿命10~12年，世界500强企业平均寿命40~42年，1000强平均寿命30年。

日本的情况，据《日经实业》的调查显示，日本企业的平均寿命为30年。

在中国，数据更可怜：中小企业的平均寿命仅2.5年，集团企业的平均寿命仅7~8年。连富豪榜也是走马观花：1999年的前50位富豪中，只有9位还在2002年的排行榜上。

看来企业能做到狗的年龄——10年，已经很不容易了。

这是事实，也是常态。但是似乎我们很不愿意看到这个，我们希望“基业长青”，我们要做百年老店，我们也因此看不上中小企业，对中小企业的融资难问题，我们一直可以喊，喊得比他们的寿命还长得很多很多……

但这是一个常态。尤其是在进入无边际竞争的动态经济和政治环境的当下，进入信息社会的虚拟经济逐渐占主导地位的当下。

我们如何看待这个常态？也许需要调整我们的常识：我们要用“狗眼”看企业，我们不能用长寿百岁的人的眼光来看这个企业“丛林”。

冷静看待“通常来说企业是短命的”这个事实，我觉得这是一件好事。从股权、产品/品牌、人，这三个角度分开看企业，这个“短命”有各自的意义。

从投资者或从资本市场的角度看，无论是VC还是PE，还是founder（创建者），还是IPO以后的二级市场的股民们，他们以赢利为唯一目的，所以10年持有一个公司的股票，就连提倡价值投资的巴菲特都很难做到，除非是“忘了有那么回事”。因此，投资者的短期行为实际上已经决定了企业的“短命”，很多企业即使名号还在，股权也是几易其手了。

从用户和市场产品的角度看，产品不断更新，一个产品的生命线，从“金牛”到“瘦狗”也是很快的。拿当下最牛的iPhone来说也是如此，现在iPhone4发布在即，原先的iPhone 3就很拿不出手了。产品的短命是市场竞争的结果，也是人们消费主义及瞬时消费主义盛行的结果。在企业中往往是用产品来定义一个BU（Business Unit）的，一个产品被淘汰，也就是这个BU死了。

再从一个角度看——雇员。对雇员来说，“铁打的营盘流水的兵”，“此处不留爷自有留爷处”，以及“元老问题”，等等，都可以看出使企业短命的端倪。从科学发展的角度看，也是树移死、人移活，一个企业自身生命的短和长与人生的短和长，似乎关系并不大，无非是简历中的一行文字而已。

在“短视”力量的驱动下，企业的短命是必然的。那么是什么力量来驱动“基业长青”？毕竟像IBM这样的百年企业得到了我们的尊敬，除了它的产品以外，IBM这个蓝色Logo变成了一种象征。

似乎品牌及其蕴含的文化，是可以百年的。它似乎是可以脱离股权、产品和人这些“消极的短期效应”而独立成立的。李白死了，“床前明月光”流芳百世。这个剔除“钱”以外的东西，恰恰是可以脱离“狗命”的。

这似乎很矛盾，企业不就是为了赚钱才存在的吗？在这铮铮之词之下，大家可以看一下什么是企业和企业家的含义：为客户创造价值。注意，不是满足用户需要。

为全球用户创造正向、积极的价值。这个价值往往是普世的。在这种创造价值的力量驱动下的公司，可能会超越其股东的百年生命，甚至超越国界、国家的寿命。那么这个时候，无论是创业，还是参与创业，还是选择打工，我们都有了积极的一面，有了超越“狗命”的力量。

2014/8/9

“基业长青”是一种理想，也许明知道是理想，才会有那么多的企业家、战略家把它作为企业战略咨询的基调。

据统计，在美国千亿美元企业中，繁荣一百年的只有IBM一家。

“狗命”是常态。

我觉得“基业长青”这样的理想，不应该用来要求企业，可以用来咨询人生。如果非得要用来咨询企业的话，那就应该咨询“家族企业”。如果真是这样，那岂不是预先设定了“家族企业的体制优于股份制”?

48

与狼共舞

2010/4/21

现场听完郎咸平教授2个小时的演讲，发觉“对话郎咸平”的大标题是错的，因为郎老师最值得钦佩的是他的始终如一：始终如一的理论逻辑，始终如一的嫉恨美国，还有就是始终如一的谆谆教诲。不但是教诲，还是灌输、棒喝，绝不是对话。

我受益于郎老师现场感极强的棒喝，尽管不至于醍醐灌顶（也许是俺愚钝），至少让我有机会去梳理“为什么要创新”这个“元问题”。

在郎教授严密逻辑和到小数点后一位的精确客观下，我发觉自己以前有不少“为创新而创新”的浅薄，也许是来自于“创新型国家”、“区域创新体系”这些耳熟能详的口号和言论的诱导，以至于很少去考虑“为啥要创新”这个“元问题”。

2006年1月9日，国家主席胡锦涛在全国科技大会上宣布中国未来15年科技发展的目标：“2020年建成创新型国家，使科技发展成为经济社会发展的有力支撑。中国科技创新的基本指标是，到2020年，经济增长的科技进步贡献率要从39%提高到60%以上，全社会的研发投入占GDP比重要从1.35%提高到2.5%。”一时间创新这个词成为政府流行语。但是为啥要创新？为什么要把创新作为国家战略？好像已经来不及考虑了——因为反正我们一切都要围绕创新，至少要打上创新的标记。

梳理一下，剔除体制创新这些核心但是艰难的问题，只涉及生意、经济和产业层面，这个“元问题”应该可以分解为这样四个问题。

1．企业为什么需要创新？

因为要成为有核心竞争力的企业，成为能够整合“6+1”的企业。

相伴随的问题是：高科技园区的核心竞争力的核心标志是什么？应该是聚集具有核心竞争力的企业，是高利润和高市场占有率，而不是高技术，或者前沿技术，或者笼统说的“高科技”。所以无论是如何命名这个园区，应该追求的是每平方米的利润，而不是每平方米的营业额（或者叫GDP）

按照郎教授的说法，核心竞争力在于企业能够整合“6+1”，就是能够纵向整合“设计、采购、储运、订单处理、批发、零售，加上生产制造”。

2．企业如何创新？

采用新技术尤其是信息技术，去强化“6”和“1”的每一个环节，去整合“6+1”。郎教授在以往的文章中指出，整合“6”要用ISC（集成供应链系统），优化“1”需要IPD（集成产品设计）。这两个系统听着像是ERP的两个模块，而实际上IT系统确实起到了很好的整合作用。但是不全是信息技术，还有新材料、新设备、新工艺，甚至是新的仓储系统，等等。实际上整合这个“非常6+1”需要的是创新资源，是新的技术、新的资金，甚至是新的人。这些恰恰是创新生产过程的三个要素。

3. 国家为什么要鼓励创新？

因为加入WTO和经济全球化以后，如果不创新，我们要“被分工”。“制造大国”“被分配”利润的只有1%。只有创新在产业中占主导地位，我们才有机会翻身。

4. 国家如何鼓励创新？

建立创新环境，花大力气建立新兴产业的创新生态。

美国用国家之力带动新兴产业，聚焦创新要素的聚集，屡试不爽。从“星球大战”到“信息高速公路”分别促发微电子产业和信息产业，使得美国在这两个新兴产业中占据了主导地位。奥巴马的“智慧电网”战略促发新能源产业，又是一个故事。这个故事动用了汇率、政治，甚至是战争手段，不一而足，其聚焦点就是掀起又一轮的新兴产业革命，又一次洗牌，又一次在国际分工中使美国站在“利润和市场占有率”最高的位置上。

同样的故事在我们这里能够发生吗？这个问题，大家慢慢讨论。既不要像郎教授那么悲观，也不要像主流媒体那么乐观。

郎教授在演讲后的问答环节中很智慧地说：“我给大家的不是鱼，是网。”换句话说我只告诉你思考的方法，至于答案，你要自己去找——自己去输入已知的参数，从而得到自己的结果。

谢谢郎教授的朗声演讲，启迪我去梳理创新生态的“逻辑”。

2014/8/9

一直觉得郎教授是个异类，不像学者倒像个演员、演讲者、媒体人。后来有机会看《哈耶克大战凯恩斯》，发觉郎教授这样的状态，恰恰是经济学家的常态。后来又注意到一个词是“思想市场”，一下子就通了。“酒香不怕巷子深”的年代过去了，而且如果思想只变成稿费，那就太廉价了。理科生的专利可以通过商业套现，那经济学家的思想呢？

49

“拖拉机”产业链创新

2010/9/15

在一篇报道中看到用“拖拉机”来比喻产业链竞争力，觉得非常生动也深刻。

“拖拉机”是我们玩扑克“争上游”时的术语，“334455”，或者“333444555”等，一般是三个顺以上，顺得越多，被人压的可能性越小。对付“334455”这样的，你手里即使有“AAA”、“K”、“QQQ”，也只能眼睁睁认输。“拖拉机”的威力很大，尽管“3”、“4”、“5”单个是小牌。所以当手里有“33455”的时候，你盼望来一个“4”，而不是一个“王”。

在四个人玩争上游的时候，还有一个玩几副牌的选择。2副牌，除去8张底牌，每人25张；4副牌，每人就52张。后者组成“拖拉机”的概率大于前者。还有抓牌中，牌的分散也会减少“拖拉机”的组成，宁可是小于“10”的“电话号码”多一些，也不要“A”、“K”的零散大牌。

显然，我们的产业聚集、产业链创新的很多高深的概念，都在争上游这么一个游戏中，体现得淋漓尽致。于我有茅塞顿开的意思。要在争上游的时候胜出，要“跑得快”，那么有必要去重新思考一下我们产业链、产业园。

1. 数量要多

就是手里的牌要多，能多就多。大家都在竞争的时候，往往拿的牌都很类似，但是不管如何都要去拿，个体数量甚至比个体质量重要。

2. 要有不同的个体

不要全一样，当然也不可能，且没有必要。手里全是“王”？全是“3”？52张都是“炸弹”？想都别想。所以要有所差异。因为能与“4”成为“拖拉机”的，是“3”和“5”，那个“A”是大牌，离它太远，构不成“拖拉机”。

3. 产业链别太长

虽然产业链越长越有杀伤力，但是也越难形成，“334455”三个顺就蛮好，“333444555”就难了，“3344556677”也很难。所以“打造”产业链的话，别整出一条从芯片设计到销售服务全产业链，这个不易。与上面说的一样，也没有这个必要，太大的杀伤力是种浪费，心中生出独孤求败的念头就麻烦了。

4. 别太整齐

争上游不全是“拖拉机”，还有单张的“顺子”，还有“三张”，还有“三带二”，太整齐就没有太多灵活性。尤其是小牌可以整齐点，大牌可以灵活点。一个产业园中，领域的大企业可以不要去管它是不是参与到了产业链中，参与到“拖拉机”中。而恰恰要注意的是小牌，一张小牌要大命。

5. 多沟通

小牌们如何能够形成“拖拉机”？多组合、动态组合是方法。中小企业之间的消息要极其灵通，合作要动态，要常常在一起混，所谓船小好调头，多方合作是根本。反而大企业之间的战略合作不是灵活的，我手里有大牌就可以很有把握地“pass”，最后再出牌拿下就是。而要组成“拖拉机”的小牌，沟通是最重要的。

6. 合作的可能

企业间的合作有很多形式，但是为什么合作常常成为难题？竞争成为常态？就好比让一个小“3”独自出去闯荡那不是存心捣乱吗？ Google出道的时候，它将已经存在的上亿个网页捆绑成了一个“超级拖拉机”，牌一出手天下惊。因此要成为“拖拉机”，首先在心态上、意识上，一定要觉得“我是好汉，但是要三个帮”。

合作的两个要素：第一，你本身是张牌，就是有自己很牛的不可替代的价值；第二，你要接口清晰，两只刺猬连拥抱都费劲，就别谈“拖拉机”了。就如同很多软件开发出来，没有API、没有注释，也没有数据字典和规范，全是“私有”，那如何合作？

这些从“拖拉机”引发的思考，对产业聚集尤其是对“cluster”这个词是一个补充，“cluster”是“簇”和“团”的意思，有点过于强调同类的聚集，甚至密集。没有表述其中个体的不同，更没有点出“拖拉机”的重要性。

让我们一起来“争上游”。

2014/8/10

就像“争上游”这个游戏很普及一样，各地方政府都在招商，但是偏爱两件事：一是“炸弹”，二是“偷牌”。“炸弹”就是四个“5”、五个“8”、六个“J”，等等。在“争上游”中，“炸弹”是绝杀，所以大家就整100个做LED的公司在一起，整30个做芯片的公司在一起；“偷牌”，就是招商引资挖墙脚，各种政策利诱。那么在全国、在全球，这种“偷牌”、“换牌”的“争上游”的产业游戏是可以持续的吗?

可能需要做两个重要的修正。第一个就是牌的总数不是54张，而是不断增长的！游戏的胜负在于如何用好增量牌。第二个修正是要明确什么是牌，是一个企业或一个项目吗？不是，是人才。

如果做了这两个修正，这个“争上游”的游戏，就会变成另外一个版本，这也许就是真正的产业升级。

50

珍珠项链和企业网

2010/3/11

马克思说人是一切社会关系的总和。那么企业呢？企业是一切商业关系的总和。

最近老在说一个产业规划的事情。被问到“究竟我们比硅谷差在哪里？”我一直觉得是“网络”。我们是不是可以提出一个关于企业网络度的事情？

一个产业园区，里面有成百上千家企业，它们之间是不是有关系，以及它们之间的人是不是有关系，这一点很重要。要看清硅谷与我们之间的差距，“关系”是一个很好的视角。

企业自身的管理、研发和发展是企业自己的事情，而一个园区管理者，在“规划”这个园区的时候，应该关注的是“关系”。

没有“关系”，即使是500强都来了，又如何？

园区整体的力量是什么，不是能够把这些企业在物理上聚在多少平方公里的区域里，而是要建立它们的“乘数效应”。

这就是产业链效应和产业网效应。

“关系”的本意是互相依存。接哲学观点是互为存在，按宗教说法是缘起。所以从绝对意义上说，如果你这个企业在这里没有与附近的企业发生关系，你在这里就没有存在的价值（就像这个企业没有雇佣本地的员工，当地政府只得到了微不足道的个人所得税一样）。具体来说，这个企业的存在没有发挥投资的“乘数效应”。比如一辆大众汽车的售价是20万元，如果车的所有采购（可以称之为一级采购）都在本地发生，就可能产生15万元的采购，这些采购带来了别的企业15万元的销售，还可能产生二级、三级采购，产生更多的销售收入。这个地区就形成了一个星型（以大众汽车为核心）企业网络。如果当地还有其他的卡车、轿车、摩托车等企业，那么这些企业会形成一个复杂的网络。

形成了比较均衡的网络后，网络中的每个企业都可以看成是整个网络的核心，这样的网络是均衡、稳定的，没有“单一失效点”。相比之下，在星型网络中，一旦这个网络的核心消失了（大众汽车产量不行了），整个网络就完蛋了。

所以，一个经济体（这里特指中国的很多高新技术园区）在建设过程中，是不是把“能够形成一个企业网”作为一个长期的目标，可能是对管理层智慧的考验。

听到很多“国家级”园区常常声称“不是500强，别来”。很有意思，这种看上去很美的园区，其“生命力”是值得怀疑的。

500强企业林立（严格的来说是500强企业的××研发中心、××分支的分支机构），却老死不相往来。除了能为当地带来工资收入以外，还能带来什么？恐怕连人才溢出的效应也很难等到吧。

很多时候，政府管理层在规划一个园区，甚至规划一个产业的时候，会很在意、很理性地“规划”出一个产业群来，可惜这不是产业网。就像我们很小心地把100个珍珠一个挨着一个摆成一个圆形，放在盘子里，看起来很像一条项链。但是它不是项链，真不是，稍有震动，100颗珠子满盘滚！

项链就是产业链。

那企业网是什么？不管它是啥，我们应该从这个角度去思考。

2014/8/10

企业网的思考角度，是从创新生态观念中自然延伸出来的。北大的区域经济学家王辑慈老师提出过区域经济中的“产业生态”概念，她也在四处传道，不知道有多少个园区主任听进了王老师的“良言”。

而在关系的建立中，大多都按照项目功能来梳理，这似乎是定论。可惜，现在看来是大错：**关系是人建立的，企业之间的关系，是人与人之间关系的衍生而已**。一个简单的逻辑是，一个销售总监的离职，导致的企业间关系变化是可想而知的。

人们对企业这个“法人”的关注，已经远远超过“自然人”。这是很多人在讨论“中国硅谷”话题的时候所忽略的，而这可能是解决问题的关键点。

51

员外和长工

2010/1/27

与高焕堂老师谈话，我常常是这样："高老师，您刚才说的是不是这个意思？"然后我把我的理解用我的语言再说一遍。

因为高老师确实很上心、很会思考，所以常常出乎我的意料，常常让我醍醐灌顶。

昨天晚上在软件园招待所，高老师的"员外和长工"的比喻，就让我对IT产业的一些现象有了一个全新的认识角度。

问题的提出是前几天在高老师的培训班，我客串了一次一个小时的讲话，有个学员提出"为什么我们国家出不了有国际影响力的软件"？

我说："因为我们这里没有行政总厨，就是那种常常出现在杂志上，戴着高高白帽子的大厨师，他是饭店的灵魂。而我们这里的饭店，老板是灵魂，厨师们在后面，油腻腻的，见不得人，上不了杂志封面。所以，我们做不出一桌好菜，只能有主打菜，或者干脆就是只能开早点摊。因此哪来麦当劳，哪来法国大餐？

你们这个班培养软件架构师，是不是大师班我不知道，至少高老师是想让你们各位去当‘行政大厨’的。”

我的回答，有点答非所问。因为我也实在很困惑。

高老师当时没有插话。但是在房间里他说他想到了一种回答，就是“员外和长工”。在IT行业，美国那边总做“员外”，而我们做“长工”——员外派活，长工打工。

就连日本人也做不好“员外”。我们从日本外包很多软件，应该说日本人是“员外”，但他们是很累的“员外”。他们给了钱，是甲方，但是他们要出设计文档、用例、测试文档等，还要做N多的事，他们这个“员外”做得与我们的“长工”差不多。

相比而言，Intel等美国“员外”是如何把“活”包给中国台湾的主板制造商的？他出标准尤其是接口标准，比如鼠标，他们出一个USB鼠标的标准，然后搞一个品牌，中国台湾公司你自己设计，出设计文档、样品，再到美国去测试，打一打勾说这个符合这个不符合，全符合了，OK，美国下单并支付一半的定金，中国台湾就开始配料、生产、包装，然后发货，货直接发到了中国大陆——就是美国人的客户。

美国人这“员外”做得多“员外”。其核心是做标准，而且做“接口标准”。

回到市场和客户身上，我们同样存在一个不会培养“地头蛇”的问题。早知道“强龙不压地头蛇”这个道理，但就是不愿意培养“地头蛇”。

微软、Oracle等产业级企业，其成功的核心是培养大量的“开发者”

（developer）。微软的全名叫做Microsoft Developer Network。Intel每年的开发者大会级别很高……这些开发者，在做大量的个性化、定制化开发，在进行“增值服务”！

我们的软件企业呢？上海的某个软件开发商（ISV）发展了北方的代理，代理只负责签约和收取代理费，所有的定制化、个性化的事情被那个代理当个皮球踢。甚至连皮球都踢不好，信息传递还老扭曲。所以N年后，上海的这个ISV还是只有5个人。

于是，我们这里遍地都是小饭店。

高老师的“员外和长工”、“强龙和地头蛇”的比喻，真不错。

但是，我们为啥做不了“接口标准”，为啥不把“增值服务”交给开发者？

为什么？

2014/8/10

高焕堂老师，他最早编写了很多与安卓（Android）相关的书籍，成为很多培训班的教材，自己也在大陆开始做讲师，一边传道授业，一边卖书赚钱。

在看到大量的中国企业做IOS上的APP乐此不疲的时候，他希望提高

APP开发者的层次，希望他们做“小强龙”。他的设想是，Android给亚洲（尤其是中国大陆和台湾）一个做“小强龙”的机会。在安卓的世界中，谷歌是“大强龙”，然后每个产品系列会出现“小强龙”，比如手机安卓、平板安卓、洗衣机安卓、电视安卓和冰箱安卓等，这些安卓都是一个小的安卓市场，然后有大量的APP“长工”。

按照这个逻辑，MIUI和罗永浩的“锤子”，还有华为、阿里的手机安卓定制版本，是“小强龙”吗？他们确实有自己的安卓市场，但是似乎他们不是“小强龙”，因为谷歌在不断地升级，而且在收紧政策，最后它还是另外一个IOS，另外一个微软。

而高老师所希望的，谷歌自己做了，他有智能家居的@home，有汽车行业的carplay，有可穿戴的wearable，也有笔记本的chrome。

52

乔布斯的单价

2011/10/11

宁波的一个政策被标题党了——“宁波欲培养乔布斯式人才：一个周期经费超五千万”，通过五年时间培养出1400个“乔布斯式”的人才。计算一下，每个“乔布斯”的培养成本只有35 700元左右，不贵！而且创造了一个人才单位——“乔”，1乔=35700元/5年。

仔细看了这个文件透露的细则，三个层次的“宁波领军、拔尖人才”条件如下。

第一层次：人选要求年龄在50周岁以下，具有高级专业技术资格，能跟踪国际、国内科技前沿，引领本学科和产业发展，能进入国家“百千万人才工程”国家级人选序列和省“151人才工程”第一、二层次的学术技术带头人序列。

第二层次：人选要求年龄在45周岁以下，具有高级专业技术资格，能支撑学科建设，引领产业发展，能够推进科技创新的后备学术技术带头人。

第三层次：人选要求年龄在40周岁以下，具有发展潜能的优秀专业技术骨干。

除非认识“毕老爷”，否则即使原版的乔布斯来申请的话，肯定也名落孙山，排在1400名之后很远的位置。所以这个1400人肯定是具有“宁波特色”的“乔布斯式的人才”。有博客这样评论，“我们索性就做一个简单的小学计算题：5000÷5÷1400，宁波有关部门是脑袋发热，还是屁股发热，跳起来就出台了这个政策。”通过计算，我们发现宁波每年平摊到每个“乔布斯”身上的经费仅有7142元，于是有网友质疑，“这到底是在养母猪，还是在培养‘乔布斯’”？

但是我不同意这个博客的“愤青”式评论，就像我赶赴助威由义乌市统战部支持的“宝娜斯袜业”青年创业大赛一样，无论从哪个角度看，我都支持这个由宁波市人力资源和社会保障局发布的《宁波市领军和拔尖人才培养工程实施意见》。

理由很简单，所有的“中国为什么出不了××”的答案都是我们缺少这样的制度和环境，而通往这个制度和环境的理想之路，是靠人和各类部门一步一步踩出来的。教育部、科技部都是我们认为应该做这个事情的机构，但是为什么统战部不行？为什么劳动保障部不行？

很多“我们缺少这样的制度和环境”的言语背后，恰恰是我们根深蒂固的“反乔布斯”思维模式，严重点说是“封建思想”，希望出来一个救世主，一挥手建立一个制度和环境。轻了说，就是缺少“从我做起”的公民意识。

乔布斯所在的是一个什么样的制度和环境？家庭方面，他的父母未婚生子，他是寄养子；教育方面，他大学辍学；工作方面他被自己创立的公司开除，又被请回来“独裁式”地执掌公司。但在他身染癌症的八年中，他创造了iPod、iPhone和iPad的奇迹，这一切需要的是什么？我觉得是两条：一是宽松的“做人”环境——你做什么都行，只要你不犯法；二是用户至上的“做企业”的价值观——不要以钱至上！

从这个意义上，5000万元培养1400个“乔布斯”，why not？ 别的局办委、市区县都动起来，那个“乔布斯”需要的“创新生态”不就形成了？

这个时候你还真要算算，如果您自以为是个创新人才，那您值多少“乔”？

2014/8/10

在很多媒体嘲弄宁波的这个举动的时候，我是举双手支持宁波的。

三年过去了，也许结果真如嘲弄者所预料的一样。但我宁可站在政府的一边，恰恰是这吐槽的唾沫让这些“乔布斯培养计划”失败的。

我赞成的是：总算有个政策是普惠而且到人的。一块贫瘠的土地必须长期施肥才可能长出好庄稼。但是可能当年出这个政策的人已经被调离，所以最多出了一年的钱，后面就没人理了，没人去查一查这个政策效果如何，有啥需要改进的。

所以这个“制造乔布斯”计划的失败是必然的，不是这个计划不好，而是出在了“人”身上，包括你和我。

53

仰望乔布斯

2013/3/6

情人节后10天是乔布斯生日。

在挥之不去的“为啥俺们这疙瘩出不了一个乔布斯”的纠结中，我们有点“心怀鬼胎”地纪念他、仰望他——必须得仰望，因为他这次确实在天上了。

“心怀鬼胎”的意思是在这些纪念中有那么多的“羡慕嫉妒恨”，而不是诚心诚意的，哪怕是“追星”。

我的“追星”情节只有50%的诚意，因为去年这个时候，我的承诺只完成了一半，甚至一半不到，我只看了560页中文版的《乔布斯传》，博雅酒店黄总送的英文版，我没有拆开。

不知道大家是否还记得2011年10月的新闻：“宁波将斥资5000万培养1400名‘乔布斯’。”也不知道现在这些“乔布斯们”如何了。尽管这个新闻招来一片讥讽，当时我还是投了赞成票。我想既然大家都说中国创业环境不好，那么“人力资源和社会保障局”出5000万，教育局也可以出5000万，统战部、街道也可以，大家都来出资和关心，才有可能出现“乔布斯”环境，不是吗？干嘛还嘲笑之？

相比宁波，今年深圳的工商改革又进了一大步。报道称，从2013年3月1日起，深圳全面推行新的工商登记制度，率先启用的新版营业执照不再记载经营范围和注册资本；需要许可审批的经营项目可先拿营业执照后审批。今后开公司不再需要验资年检，相关程序在网上就能完成，企业申请执照最迟三天就可以拿到。

大好事一件，尽管这事本来就应该这样，但是还是让我们为“失而复得”而喜悦。让这种改良土壤的工作来得更多一些！就像我们被污染的环境一样，从长周期看，适合“乔布斯”出现的“乔布斯环境”，会出现天蓝风爽水甜的。那么用同样的乐观精神看当下，在“一万年太久只争朝夕”的纠结中，我们如何仰望乔布斯？

如果大家把《乔布斯传》看一遍，你可能并不希望在他手下干活，也不太想成为他的合作伙伴，甚至可以武断地说，你不会喜欢他——尽管他出品了那么令人着迷的产品。

在乔布斯一生中，让人印象深刻的是他的“偏执二元论”。

偏执这个贬义词，自从Intel前总裁Andy Groove出版《偏执者生存》一书以后，似乎有了咸鱼翻身的意思，由贬义变为褒义了。二元论就是非黑即白，要么完美要么就是狗屎，要么喜欢要么讨厌，没有中间状态。

乔布斯是一个偏执的二元论者：他偏执地独立独行，甚至有点无情无义。他讨厌开关键、讨厌他的生父、讨厌Adobe、讨厌背叛、讨厌抄袭！

这些讨厌，他一直坚持到死。

很多人说乔布斯有扭曲现实的能力，这种能力来自于他的二元论。他一旦出现，就清楚地表达自己的“YES”或“NO”，因此在原先平衡或者比较平衡的天平的一边狠狠地加上了一个筹码，整个天平就毅然偏向一边，而且是乔布斯的那一边。

我们在仰望星空、仰望乔布斯的时候，可以想两个问题：一个是你本身是不是这样的二元论者？第二个是你能不能容忍这样的一个偏执的二元论者成为你的朋友或partner？

如果我们承认“环境决定论”的话，这两个问题就变成一个。因为你可以说“我不是，也不可能成为二元论者，因为环境不容许”——确实，我们处在“既要又要”的思维、词汇充斥眼帘和脑子的“中庸主义者”环境中——这样我们就陷入了一个死循环。看来乔布斯，我们也只有仰望的份了。

这个死循环的结究竟在哪里？

从语义的理解上做些功课就能发现问题显然摆着：“既要又要”说的是环境，要有一个有容乃大的环境，可以容纳A、B、C、D，而不是环境要长出“既要又要”的既不是A也不是B，既不像C也不像D的“四不像”东西。

也就是说，作为生态是需要“既要又要”的多样性的。每个生命都是独特而特立独行的，都是偏执的二元论者——它是蛇，就不可能是鸡；它是杉树，就不可能是乌鸦……

早在2000年前，我国天文学家就用肉眼观察到了四颗卫星中最亮的木卫三，尤其是在灯光污染的大城市仰望星空是一件奢侈的事情。乔布斯喜欢打坐冥想，仰望乔布斯可以不用“观星”，而是“观心”。

如此仰望，可以让我们回归一些常识，让很多应该的东西“失而复得”——让自己做纯粹的自己，发挥自己的个性；容忍别人做他纯粹的自己，发挥他的个性。

2014/8/10

智能手机和APP，让我们以“低头”的姿态来仰望乔布斯。

从“果粉”到“米粉”，到“罗粉”，社群经济（或者叫粉丝经济）似乎把所有产业都带到了娱乐业，带到了好莱坞。从这个角度看，所有的成功者都恰如歌星。一部iPhone 6就是一首物化乔布斯的“简约之歌”。

更进一步说，世界就是媒体。

在这个逻辑下，崔健做个手机可能会比罗永浩要强一点？只是崔健该如何把自己的《一无所有》、《蓝色骨头》及《红旗下的蛋》物化到屏幕、按钮、界面上。

54

遍地天使：武平在哪里？

2011/3/4

蔡文胜、雷军、周鸿祎、厉伟、王峰、李开复、江南春、柳传志、薛蛮子、朱敏、王江、徐小平、邓锋、沈南鹏、张向宁、何伯权、王雷雷、钱永强、马云、陈天桥、陈宏、陈一舟、杨镭、刘晓松，这些人叫做“活跃在中国的天使投资人”。名单中除了江南春和陈天桥，其他人都不在上海，就算上这两位，其主要精力还是放在打理自己的自留地上。就地域分布上看，最多在北京，其次深圳，再次是杭州，蔡文胜在厦门。

那么张江的“天使”在哪里？

这个问题可以分成两个小问题：一是张江需不需要“天使”？这个问我回答不了。就像当被问到“为什么上海出不了马云”的时候，我在几个蛮正式的场合，听到蛮有“腔调”的人很有腔调地说：“上海不需要马云。”（后面的潜台词是“我们有IBM、有500强”。）我一般不敢接话，因为我不会说上海话，只能无语。二是为啥“天使们”不来张江。是因为张江创业家太少，没什么项目是值得投的。是这样吗？是，目前的事实就是这样。几次见到创投公司把长三角分支机构设立在杭州，就问他们干嘛不设在上海，不设在浦东。回答是“项目少”。有趣的回答是“我们又不是银行”。

把第一个问题修改一下，就可能不是一个问题了。改成“高新产业需要天使投资吗”？或者改成“天使投资者在硅谷的作用是什么”？这个回答是现成的：“美国的天使投资资金总量与VC投资的资金总量几乎相等，但是天使投资的创业公司数量则是VC投资的创业公司数量的10倍以上。例如：2007全美国天使投资总额为260亿美元，VC投资为300亿美元；2007年美国天使投资的创业公司总数为57 000家，VC投资的创业公司总数为3928家。”

中关村、张江园、华强北，以前常常被并列着说。但是在新经济领域，或者再小一点，在天使投资者们热衷的“战略新兴产业”、“新经济”领域中，张江确实逐渐淡出“三国演义”。更让人无奈的是，这种“淡出”是如此明显，明显到很多张江土生土长的企业，去了无锡、江苏、嘉兴，它们的员工与家人过起了并不情愿的“周末夫妻”生活。他们偶尔还会回到每周三的张江iTalk沙龙来，聊到在异地的“孵化器”生活，聊到项目的进展，当然也聊到他们为什么没能留在这里，答案大都聚焦在：张江，“天使投资”无处觅。

张江需要“天使投资”，而且不缺创业者，更加难得的是张江有大量素质极高的潜在创业者，那就是在外企office卖命的本土名牌大学毕业生和“海龟”们，比如创立EDO和新华e店的丁辉文，就来自SEMI。

张江的“天使”在哪里？

什么是“天使投资”，有很多种说法。但是“天使”的本质似乎只有两个：第一，它是逐利资本，所以它首先是市场行为；第二，它带有浓烈的天使投资者兴趣、风格等个人色彩。从这个角度看，政府伸出“有形之手”——“政府引导基金”来弥补市场的失灵，因为其非市场性、非个人风格就显得偏离本质了。

天使投资在中国的环境之缺，不是因为钱太少，而是社会诚信和退出机制的缺失。政府之手的现阶段抓手是“市场化天使投资与公益化孵化器的有机结合”。有组织地聚集一批职业的天使投资者，减少国外兼职和玩票性，他们“有点钱+有点经历+有点气质+有点知识+有点名+有点爱心+有点喜欢折腾”（在微博中大家定义薛蛮子类的天使投资者），同时结合我国已经非常成熟的“孵化器平台服务”（物业、工商、法律等无微不至的保姆式服务）。

李开复copy美国Idealabs在北京创立的“创新工场”，是一种深思熟虑的结果。

那么张江的创新工场呢？资料显示“美国大约有将近2000家VC或从事VC投资的机构，而活跃的天使投资人数则超过25万人，天使和VC的数量相差100倍！”从这个角度看，一次在iTalk上讨论“我们的十二五”的时候，我说：“其中一个指标是五年后，我们张江每个人都拥有1~2家张江创业公司的股权。”

好在有人在做了，比如武平、陈天桥，一步一步地。那时候，张江都是“天使”。

55

小米是Google

2012/10/30

“米2”开始发售了。尽管有人说“又是饥饿营销”，依然一如既往地火爆。但是对小米的质疑也是一如以往。

主要的质疑可以归纳为小米只是营销成功，但是，第一，它不足以成为一个好的品牌，因为没有真正的创新作为支撑；第二，小米手机也不是一个好产品，足以承载如此美誉。

就上述的一和二，我分别讨论过。场景不同、对象不同、讨论的氛围不同，最后的结果也是无厘头。究其原因，大家对一些概念的定义是不一样的，一旦把概念梳理一下，答案就是“和尚头上的虱子”。

一个概念是“品牌”。不用去查Wiki百科，品牌有两层含义，一层是“锦”，是基础；一层是“花”，是故事。

从基础层面看，品牌是一个注册的Logo，有这个标志的产品在做这样的承诺：“质量和服务保障”是表里一致的，说明书说的和产品实际指标是一样的；通过标识可以追溯到一个言行一致的机构。

从故事层面看，这个承诺包含了一种对消费者做心理标记、社会标记的作用，也就是说这个Logo能够融合进用这个产品的“人”身上，产生对该消费者“三观”的折射和放大。比如奥迪中有“官”、mini copper中有“小资”。

从这两个层面看，小米手机是个品牌。我去过上海的小米之家，尽管简陋，但在商住楼里蛮人性化的，邮寄来的小米手机修好了再邮寄回去，比较着急的，像我这样就直接奔过去修了。从故事层面看，当我拿出小米，就被定位成了手机发烧友，刚开始常被连续问“哦，你搞到了?！这手机怎么样？我看看？”

在“元培论坛”上，北大刘震寰教授使用大规模的数据显示倒是让我很吃惊，小米的受众群定位很清晰，是“二线城市本科‘屌丝’男”。好吧，无论如何，这是故事的一种版本。而且越来越多的一线城市的“90后”中学生，已经点名要买“小米2”了——我蛮喜欢这种现象，因为中国太需要GEEK了，而不是“果粉”。

那么为啥小米会被质疑呢？我觉得是与“互联网公司做手机”的大背景搅在了一起，有句比较本质的话是“以内置服务为目标做手机的都是流氓”，也就是说连山寨都算不上！这个有些道理，确实做手机就要有做手机的样子，好好地把手机做好，能打电话、能发短信、能用微信，出来的手机安装自己的一堆APP，还放上了自己扎眼的Logo，最后连个电话都打得跟“小灵通”似的，这确实不像个事。好在小米还好。除了说明书“玩机手册”是不能卸载的，连“米聊”都是可以卸载的；有人还直接用小米刷了windows phone 8。

除了大背景，还有啥值得质疑的？学苹果的饥饿营销？这没有什么错，谁不想学苹果？很多原先的手机公司你倒是“饥饿”一下试试？可能没有饿着用户，先把自己饿死了。

那么究竟是什么带来这种质疑？是价格贵？多赚了钱？好像没有，同样的配置HTC起码3500元，而苹果更是离谱。

像剥洋葱一样，搞到自己也不清楚为啥周围会有不少人质疑小米的时候，我觉得有一种情绪在里面，我们很多时候都不希望有那么一个意外存在，行业内人士尤其不喜欢一个成功的搅局者。

这一点是小米公司值得注意的，情绪的力量非常强大，因此它需要被另一种情绪淹没才行。

在我自己看来，小米是一个用互联网的方式来做消费类电子的公司。从小米网站看过去，它有各种配件，有传说中的小米电视，还有小米机器人，说不定还有小米电饭锅、小米冰箱……大家可以看到，小米是一个“Google”。

Google的核心是搜索，但是它做了gmail、gtalk、Google地图，还有android、chrome，等等，尽管已经削减了N多产品，但是如此眼花缭乱的产品，你不觉得恰恰是Google的“牛叉”之处吗？Google是免费的，这还远远不够，那给你远远超过免费的——这也许是和百度在格调上的天壤之别。

那么小米的品牌不再是手机，更是一个消费类电子社区。

“海尔”要小心。

2014/8/10

想不到第一个与雷军打赌的不是张瑞敏，而是格力的董明珠。

大概所有人都明白，董女士在打赌的时候就已经输了，以发展30年、80 000人规模的格力，与成立四年、员工2000人的小米打赌！在现场看，他们两个尤其是董女士，中了马云、王健林和主持人的圈套。

而实际的财务数据也明摆着：2014年8月8日，格力电器市值892.77亿元；有业内人士透露，最近小米即将完成的融资估值已达900亿美元。

大概其中的一切差异，来自于我虽是格力的客户，但的确是小米的用户。

那么小米要害怕的是什么？是用户的流失。而用户是情感性的、动态的。最近79元小米手环及与BROADLINK之间的合作内幕曝光，也许才是值得雷军关注的。

56

BYD的开放汽车

2010/10/22

一个操练Android的朋友应邀受聘BYD（比亚迪），我以为是去做平板或者是笔记本的IT事业部，结果却是BYD汽车。猛然觉得王传福真是“大象进了瓷器店”，汽车行业有得瞧了。王传福一直被称为“技术狂人”，也一直被贴上“山寨功夫了得”的标签，而且从严格意义上说BYD还不在IT行业的主战场，但是BYD深得IT颠覆之道。

因为王传福完全有理由说汽车就是手机。

所有在手机行业发生的事情都可以发生：Volvo可以被吉利收购；悍马这个昔日英雄可以落魄街头无人领养；Nokia、Moto在中国深圳的山寨群雄前，不得不节节败退，本来做PC的Apple现今成了宠儿，而且牛到了与运营商分利润的份上。

因为在IT行业中，这一切都有可能，变化凶猛。

从农业社会、工业社会走到信息社会，核心的驱动资源从土地变成了钢铁和资金，进而变成了硅和知识。同时经济体的运营模式也随之变化。

其中一个比较显著的特点是新的商业模式大量“涌现”，这种涌现状态类似开锅，你不知道会在哪里产生一个泡泡，不知道那个泡泡能否从锅底不断升腾、不断变大，越出液面！

在工业社会，需要花费几十年时间成就一个产品，成就一个著名品牌；而在信息社会，这个周期可能是按月来计算的，就是几十个月就要让一个产品、一个品牌、一个模式流行起来。

互联网创业家陈年进入服装领域不到3年，就成就了一个白领服装品牌Vancl；LV包品牌源于N年前，而“麦包包”却只成立了3年，就成为了网络名牌。

2003年，BYD正式收购陕西秦川汽车有限责任公司，组建BYD汽车，进入汽车制造与销售领域，面对的巨头都是出生在工业时代的“老克拉”。但是，在2009年乘用车销量排名前十的企业中，奇瑞以50万辆的销量名列第八，BYD以44.8万辆的销量名列第九。

尽管很多人在质疑BYD，并且质疑的点似乎恰恰是它的核心，比如自己设计“劳动力密集型”自动生产线，比如自己投资核心部件。但是我觉得BYD，如果更加进一步走Google的路线，把汽车做成开放的平台，那将会开启全新的时代，那才真正地让BYD有了一个“品牌”的含义。

BYD的英文是Build Your Dream，那么应该有一个大胆的设想，就是开放的汽车。就像App Store一样，让别人在BYD汽车上，成就他自己的梦想，这个就是Apple和Google公司成功的秘密。

这有可能吗？当然。

Google的CEO已经暗示将进入汽车行业，他的切入点是自动驾驶。

一般手机有三个卖点：一是硬件设计，二是软件平台，三是运营商。前两个是设备制造商的，后一个是按国家分割的运营商的。对应在汽车行业中，现在似乎只有硬件设计这一个卖点。那么什么是汽车的软件平台？什么是汽车的运营商？汽车的Application Store在哪里？

真的有一个模式，可以像做手机一样来做汽车吗？

这个可以有。

尽管这不是用Android来做MCU那么简单的事，尽管这里需要BYD们有另一种淡定的心态来进行线性的、一点一滴的、成年累月的技术创新。但是不管如何，可以乐观地预期，甚至可以说这种原创技术的创新将使汽车行业前景的乐观度大于IT行业。比起CPU和操作系统在技术方面的落后，吉利在发动机方面的出色表现，似乎让我们IT人脸上红红的。

2014/8/10

在一片质疑声中，“2014年4月22日，特斯拉在中国首批车主的新车交付仪式在北京恒通商务园正式拉开帷幕。”这个时候，BYD王传福的表现让人失望，面对媒体他表达了两个观点：一是特斯拉在推广纯电动汽车和培育消费者习惯方面起到了极好的作用；二是纯电动汽车技术不是问题，如果家庭消费一旦起动，BYD分分钟就可以造出特斯拉。

他几乎是很自豪地在说这两句话，值得自豪吗？

BYD确实招聘了很多Android工程师，用来做山寨手机，消耗它自己的电池。仅此而已。最近听说我那个朋友离开了BYD，到了联想。

57

“3Q”看热闹

2010/11/25

360和QQ大战很热闹。我支持360的原因是我已经没有使用QQ很久了。我儿子宣称要启用MSN，但是我却因为微软停止了space服务而启用gmail、gtalk之类的，但是最近Google的服务“.hk”后，问题太大常常断线。那就启用移动的“飞信”？好像不太现实，因为手头的HTC HD2的电池太不给力，用“飞信”的话不到午饭时间就“不在服务区”了。

干脆，笼起袖子作壁上观看热闹了。而且这些被涉及的公司都不在上海，我们可以“被动”冷静，乐得“清静”。

昨天第73期“iTalk”，就有点这个意思，请方兴东发言而且请了几位有话说的嘉宾来brainstorming（头脑风暴）。结果却有点出乎意料，来了不少人不说，关键是觉得iTalk里牛人越来越多，犀利得很。

方兴东说：互联网企业恰恰丧失了互联网八字精神——开放、平等、协作、分享。难道我们还需要再一次启蒙？

臧斌宇教授指出，尽管我们的“英雄”们是在互联网时代做互联网的事，但是心中膜拜的却似乎只有PC时代的Bill Gates，于是他们动起手来也是微软的招数——挤占份额，直到垄断。

刘春泉律师看来是有备而来，从知识产权、垄断法、不正当竞争等方面做了很多分析，一个“按损失赔偿”的法律常识，就打破了我“靠打官司赢个千把万”的梦想。而且对“隐私”、“垄断”等字眼的阐述，让我觉得法律的世界与我们日常的世界，全不相同。

看来“3Q”的事，法律和政府只有威慑力，是达摩克利斯之剑。用“一直被模仿，从未被起诉”的句式来说，这种威慑力是如此的“牛叉”，以至于它“一直在那里，从来未被用”。到头来需要的是华宏伟说的“行业自律和企业家自律”。

这个自律，确实是我们的根本。在拜金主义熏陶下的我们，如何“律”得住我们体内膨胀的“欲望”呢？而且还要自己“律”——就连法律都没有“律”住啊！

赵彦说，大家轻松点，把360和QQ的打架看成是两个人的事好了，甚至可以看成两个人闲着没事，找点乐子吧。

看似不经意的话，实际上点出了很有意思的视角。起码我一下子就明白，而且脑海里突然窜出一个片段：俩开奔驰的“奔四”精英，在我们景明路兄弟饭庄，因为老板给他们的小炒肉份量不一，打起来了。一个老头过来，大喝一声：“打什么打，看你们多大了，为多大事，回家去！”这老头看着像周润发扮演的孔子。

可不是？子曰：“吾十有五而志于学，三十而立，四十而不惑，五十而知天命，六十而耳顺，七十而从心所欲，不逾矩。”如果打乱之，十五知天命，三十不惑，四十耳顺，五十而立，六十志于学，那估计活不到七十！

企业如人。刚刚创业的时候像个孩子，抄袭一点，为一块蛋糕打架是说得过去的；公司有点规模了，类似成家立业，要有规矩，应该有办公室，有前台，有签字流程什么的；上市公司有点四十不惑的意思，那么就应该对广大股民负责，做事甚至说话都要注意，否则影响股价。

腾讯都上市了，市值都400亿美金了，用一句话说，你都大人了，还与小孩抢棒棒糖吃，而且还用你小时候的手段——直接出手，抢了就跑?

2014/8/10

360与腾讯的“3Q大战”，以及之后的“××的腾讯”，都是江湖派系争斗，与技术、产业、用户都没有什么关系。据说现在江湖五大派“TABLE”（腾讯、阿里、百度、小米、360）已经迫使所有的创业者站队了，企业在发展过程中，除了要自身发展以外，比国外的创业者多了一个选择困境，比如你拿了腾讯的钱，就不能与360合作了。

在那次讨论中，方兴东一贯地思辨，提到了互联网精神，我倒是希望他能够多讲讲“反垄断”的事，因为与创新生态直接相关的是“杀掉恐龙”。

58

不知道的成本

2010/7/9

在多次政策宣讲会上，听众感叹：“啊，还有那么多政策，我怎么不知道。”说实话，我在浦东快五年了，不知道的也很多。

我的大学同学，KLA-Tencor中国区总裁，是IC行业的，一次在聚会的时候说，他也在张江。但是我从来没有在什么地方遇到过他。我把我的地址告诉他，他开车绕了10分钟过来，实际上我俩的所在地相距直线距离1000米，见面第一句就是那么近啊，咋不知道呢。不经想起刘若英的歌——《原来你也在这里》。

在互联网时代，已经不再是酒香不怕巷子深，而且外事不决问Google，内事不决问百度，我们大都是“知道分子”（这个词很好，区别于知识分子）。

但是依旧有很多我们不知道的事。这个“不知道”，剔除“彼此本来不搭界、没必要知道”的事以外，还有三类。一类是故意不让人知道，例如隐私。第二类是让你知道，但不让你明白。让人有神秘感，从而产生敬畏。第三类是怀才不遇，想让人知道但是苦于无门，叫卖无方。法律保护第一类“不知道”，即使我们有偷窥的嗜好，也请自律、律人。除非你要当职业狗仔。第三类“不知道”的解决方案是求助于Google和百度，以及××TV，再不济用口碑营销，总之别怀才不遇。只要你不是“芙蓉姐姐”——实际上你没“怀”上，或者说你“怀”的不是“才”。

比较麻烦的是第二类。

很多“政策”就是这样。很少有一个政策、一个文件，不经过宣讲你能完全“听”明白的。你即使听明白了，也很难一次“操作”明白的。这些文件的格式很formal（正规），看着是白纸黑字，甚至上有红头、下有红章。我遇到过的这类“不知道”有几种情况。

（1）老皇历。这个政策早就失效了，是“老皇历”了。但是没有一个会议、一个正式的文件来注销这个文件。而实际上这个政策本来就是“一事一议”来的，甚至是“因人而设”的，人一走茶就凉，或者时过境迁，这政策就因“人事”失效了。但是你不知道。

（2）“刚性”内部标准。很多政策写的标准定得很低，但是实际上是内部标准。比如某城市的关于人才引进政策中，只说明了某企业是不是高新企业，并没有要求你的工资应该是多少，但是实际上按照内部标准执行，如果你的个税不是按照12万来交的，这次人才引进你基本没戏。但是这个标准你不知道。一般说来，表格填了N份，提交了N个月，却被告知“申请未获批准”。

（3）有关部门。我们这个社会，最大的、最有权力的部门是“有关部门”。比如文件中写着“按有关部门相关规定办理”，这事就难了。因为你不知道哪个部门是“有关部门”。

（4）特殊情况。一般的政策具有普适性，于是文件中常有“如有特殊情况例外处理”之类的说法，怕漏掉一些例外的情况。但是这一条中，“例外”全部需要领导和相关部门来定。因为，这是例外，你怎么知道？

以上说的是一些文件。这些文件在描述“为什么要出台这些政策？”的时候，肯定是为了让这些政策广泛地发挥作用，绝不可能不让人知道。上述的一些“不知道”原因好像也是正常的。但是这些文件的formal，恰恰让你不知所措，让你实际上是“不知道”的。

有一次我到货站托运一个小集装箱，流程极其复杂，汗流浃背地搞了一个下午，即将走完流程时却发现最后一个部门准备下班了，于是麻烦全来了，因为要启动租仓库过夜的“流程”了。我好说歹说，找了一个“黄牛党”才搞定。最后流程部门的工作人员告诉我，规定上写着的，前面流程的工作人员也应该知道，在下午3点后不应该接受“本日托运”的业务，而应该改成“隔日托运”。但是也有例外，说不定你办业务办得快，说不定排队少，2个小时内办完了呢？但是一般情况下，是办不完的，除非你找“黄牛”帮忙。

这里提醒我们的官方机构，千万要注意“不让你全知道”所带来的问题。因为我知道，官方机构的本意是很想让大家知道的。

如果你对服务对象说“这个我不知道啊”，请注意，这绝对不是小事。因为这个“不知道”的成本很高。

2014/8/10

自贸区的设立中，有一个本质的改变是把认可清单变成负面清单，这是降低甚至消除第二类“不知道”成本的做法。很多政策都是在做“我们要支持啥”为基础的事情，所以会有很多的不确定性，就像我们从小到大的理想，幼儿园要做解放军，中学要做科学家，高中要做大款，大学要做学者，大学毕业了却去卖猪肉了，与此相对应，“不能做什么”却是基本不变的，比如不能骗人、不能违法，等等。

最近习主席打老虎，每个“老虎”的贪污额都大到普通人无法想象的地步，这些贪污，实际上都是“不知道”的成本！

59

八十公里慢汽车

2011/5/18

对于汽车，无论车迷还是普通人都会津津乐道于“更快、更强、更贵”，比如改装的保时捷911，可以在3.2秒加速到时速100公里。奔驰CLS63 AMG的百米加速时间是4秒。当然还有车的价格，比如，上海车展中那台售价2000万的车被围的水泄不通。

那么是不是还有相反的思维，比如更小、更便宜，甚至更慢？

“更小”已经有了，小而可爱的QQ到奔驰的smart。奔驰要把smart变成一个时尚品，但有点明显欺负中国消费者，它在欧洲售价是7990欧元，美国售价11990美元，到了中国就要16万元人民币。

目前最便宜的汽车是2500美元，由印度TATA公司生产的TATA nano。但是假如把电动自行车和摩托改装的车也计算进去的话，最便宜的汽车应该在我们中国，就是那些加上一个盖然后满地跑的烧汽油的车子。

更慢？为什么要慢？因为不得不慢。我们的城市道路中，最高限速一般是80km/h，很多路段还是40km/h。再加上日益严重的城市堵车，城市中的平均车速变成了非常可笑的数字。专家预测2015年北京平均车速为15km/h。还有更具体的数字，1994年北京二三环上公交车的平均时速为45km/h，到了2005年这个数字是10km/h。那么你买一辆四秒钟加速到100公里的、最佳油耗时速是120km/h的车子干嘛？除非你要当“三环十三郎”？

那么为什么不设计最高时速80km/h的车子呢？为什么不？

在IT业中，低价、1G主频、10寸屏幕的上网本的出现，一开始被Intel这些主流厂家讥笑。当这类上网本开始流行后，主流厂家不得不发展低功耗、多核低主频的CPU和相关的配件。现在，低功耗、多核成为了技术主流，也为智能手机等设备打开了另一个天地。

那么为什么在IT业发生的事情，不会在汽车行业发生呢？

在80公里的时速下，很多问题和很多技术难题说不定会迎刃而解。制造时速80公里的优质汽车同样有技术、有挑战，而且具有环保意义，更具有安全意义，不是吗？多少车祸是因为超速驾驶。之所以有史上最严厉的醉驾法律，不就是因为“油门踩下去、车速飚起来”吗？

而且如果汽车工业按照时速80公里的方向去发展，“自主驾驶、无人驾驶”是水到渠成的事情。这方面Google这个IT巨头走在了汽车巨头的前面。去年Google自主驾驶汽车项目负责人Sebastian Thrun宣布他们改装的7辆无人驾驶汽车已经成功行驶14万公里，平均车速64公里每小时，一路顺风，只发生过一次事故，是社会车辆追了他们的尾，对方全责。这些“无人驾驶”的汽车里是坐了人的，这些志愿者的一个任务是防止车自己上街。这些车在摄像机、雷达、激光测距及“Google maps”等软硬件指导下，完全可以自己上街，去“它”想去的地方。

最近有消息称，Google为了进一步推进这个项目，已经在说服一些州改变相关法律。内华达州，可能是全球第一个。

马云的“倒立看世界”，可以被理解为一种“办公室体操”，更可以理解为一种创新思维。而“80公里汽车”、无人驾驶汽车，只是其中的案例而已。做IT的人天生有“颠覆旧模式”的思维方式，因此这个圈子常常会有故事、有奇迹发生。而这些奇迹的发生，这些颠覆者的成功，是建立在被颠覆者浑然不知或者致命的自负上的。

感谢他们。

2014/8/10

颠覆，就是Why not（为什么不）。

如此看，特斯拉汽车比Google无人驾驶汽车还略逊一筹。所以可以预见特斯拉如果纯粹卖汽车的话，对汽车工业不会有太大的冲击，即使Elom Musk采用了开源模式来激发和汇聚电动汽车的创新小伙伴。

就像颠覆减肥行业，不能用新的减肥技术、减肥药，而是要让人们不肥胖！

汽车的颠覆者，不是使用另外的车子，而是让人们不用车子。

第五辑

赛博

一切皆有可能

子张：“十世可知也？”子曰：“殷因于夏礼，所损益，可知也，周因于殷礼，所损益，可知也，其或继周者，虽百世，可知也。”

——《论语》

60

祈祷，为Android的免费！

2011/8/18

在92期“iTalk”上，罗忠生博士穿着“Google I/O大会”发的黑色无领T恤，面对ICT领域三巨头格局的形成和美国核心地位再次确立的事实，做出四个反思。对作为中兴公司资深产品经理的他，以及博雅酒店会议室中在座的40来号人来说，正在经历一次巨大的产业变革。就像尽管上海的36℃高温，但在扑面的热风中，分明有些秋意。

这次Google收购Moto，形成了纵向整合的三巨头，开始了新的游戏“GAMe”，“G”是Google、“A”是Apple、“M”是Microsoft。（后面的小e是谁？不知道，可能是Amazon，尽管里面没有“e”，也许也不重要了。）

就像潮水退去就知道谁在裸泳一样，秋风呼啸之下，谁是秃子、秃子头上有没有虱子，一目了然。在IT热潮中冲浪，玩乐的人们要明白，由发肇于硅谷的信息社会和知识经济的本质一直在那里，没有变。

第一个本质，什么是信息社会？

8月10日苹果公司（Apple Inc.）的市值为3430亿美元，曾短暂超过石油巨头埃克森美孚（Exxon Mobil Corp.），成为全球市值最高的公司。1993年底，埃克森美孚市值780亿美元时，苹果公司市值只有39亿美元。18年过去后，在12个月里，苹果公司总收入为1000亿美元，创造了236亿美元的净收入，而同期，埃克森美孚以3928亿美元的总收入，收获379亿美元利润。苹果公司的现金储备超过760亿美元，比美国政府的运营现金余额738亿美元还要多出20多亿。

石油还是iPad？汽车社会还是信息社会?

第二个本质，美国仍然是领头羊。

从Apple的崛起、微软与Nokia的合作，到这次Google收购老牌设备手机厂家Moto，美国又重新牢牢占据主导地位。Siemens、Alcatel、Nokia等曾经风光十多年的欧洲企业已经不复存在，以韩国Samsung和中国台湾HTC为代表的亚洲企业，中兴、华为为代表的新兴势力，又被甩到有很大距离的第二阵营，亚洲崛起的梦想前途未卜。

与国债危机无关，美国是游戏规则的制定者。信息社会中，规则就是专利，专利就是创新，创新就是对世界的统治。

第三个本质，知识经济的本质是知识产权。

本次Google收购Moto，一个大家都看得到的原因是Apple和微软用专利大棒来欺负Android的兄弟们。Google的David Drummond在几周前愤愤不平地说：“他们联合起来收购Novell的旧专利（CPTN集团包括Microsoft和苹果），还有Nortel的旧专利（Rockstar集团也包括Microsoft和苹果），以确保Google无法得到它们。而由此他们可以对每台Android

设备提出收取15美元的授权使用费。”Google这次绝地反击，自然就能够理解了。力均势敌，战斗进入僵持阶段。

第四个本质，专利是是产品创新的工具，更是金融创新的工具。

一部价格200美元的智能手机可能涉及多达25万项专利。但是动辄几十亿美元的专利交易更让人深思。Nortel的6000项专利价值45亿美元，平均每项专利价值75万美元；Moto已经拥有1.7万项专利，还有7500项专利申请正处于审批程序，这次收购每项专利的平均价值超过了40万美元。有人已经对柯达公司估值了，因为它拥有数字图像处理技术专利，价值可达30亿美元。资本市场的诱惑实在是太大了。

这四个本质的“GAMe”中，美国以外的其他国家似乎被遗忘了，起码他们在玩四国大战，我们不在桌面上，或者，我们是桌面上的“杯具”。

昨天在“iTalk”现场，我建议大家祈祷！我们的祈祷与开放无关，与创新无关，与自主创新更无关，只与免费有关。

我们大声祈祷，Android的带头大哥Google啊，有了Moto二哥，不要甩了小兄弟！

2014/8/10

祈祷已生效，以小米为首的中国安卓厂商得利最多。

微软阵营的变化很有戏剧性，微软收购了Nokia，最近微软换了“老大”，然后把原先是收过来的“Nokia”当一个部门裁掉了，被裁的北京办公室员工跑到小米公司求职，被小米员工嘲笑。（苹果和三星的专利战争终于告一段落，双方于2014年8月6日宣布，已就撤销在美国以外的其他国家进行的所有专利诉讼达成和解。）

祈祷的效果有限，2014年3月开始，谷歌开始收紧安卓政策，要求所有使用安卓的产品开机时显示“Powered by Android”，同时推出标准化的UI，试图统一用户体验的“Andorid one计划”，以及“Android silver”版本等，那么以后的MIUI、阿里OS，会有什么样的命运？

回到四个本质上，一切都有可能。

61

去看《阿凡达》

2010/1/10

搞电影，去看看《阿凡达》吧！

搞创意产业，去看看《阿凡达》吧！

搞创新，去看看《阿凡达》吧！

还有人说，搞拆迁，去看《阿凡达》吧！

都去看《阿凡达》吧！

上周五，谈数字出版产业的时候，我说："去看《阿凡达》吧。"

为什么？

一是因为《阿凡达》很挣钱，是历史上第一部全3D制作与真人结合的影像，是历史上投资最高的电影（从2.3亿到4亿到5亿美元说法不等），也是历史上全球票房最快突破10亿美元的电影（17天）。看来它成为票房历史第一名是没有问题的，光看看东莞就知道了，东莞万达影城是广州地区唯一拥有IMAX银幕的影院，居然出现了《阿凡达》的"代理服务"，有些人专门替东莞地区之外的影迷订购IMAX电影票，据悉每天都有大批广州地区的观众组团坐车来到东莞，目的就是看一场IMAX版的《阿凡达》!

更搞笑的是东莞万达电影有限公司在2010年1月6日发的一个告示："由于近期播放的IMAX3D电影《阿凡达》过于火爆，影片场次过于密集，导致《阿凡达》胶片烧毁，IMAX播放设备严重损坏，预计暂时无法修复。请各位持有预售票的观众兑换普通3D场次电影票，给您造成的不便，敬请原谅！谢谢！"

你瞧，能不挣钱?

二是因为《阿凡达》很"技术"，很"IT"，也很"超算"。

导演卡梅隆说，自己等了14年才等到特效技术成熟，这种特技主要是关于人物表演的捕捉及电脑合成。"外星人面部表情的变化，甚至脸上的细微肌肉颤动都很清晰，我所等待的就是这种能够把演员表情100%呈现出来的技术"。

《阿凡达》用了Weta Digital公司的超级计算机，这机器在2008年的"TOP500"中排在第190名。该计算机的文件系统是HP Cluster Platform 3000BL，操作系统是Linux，2008年有4096个Core，到2009年增加到5936个，总内存有104 TB，内联采用的是万兆以太网。我把它的数据列出来，是因为它很牛，也不牛。

Weta Digital公司大有来头，是《指环王》的导演彼得·杰克逊（Peter Jackson）创建的公司。

三是因为《阿凡达》很精品，听导演说自己是十二年磨一剑。自《泰坦尼克号》后，确实12年没有出电影。为了这个虚拟的世界——潘多拉星球，为了这个星球上的原住民纳美族（Na'vi）——一种蓝色皮肤的类人类，导演聘请南加州大学的语言专家保罗（PaulFormmer）设计了一套全新的语言系统，同时还聘请了加州大学植物科学系系主任Jodie Holt为他创造的几十种植物写了详细的科学说明，他的作家和编辑团队汇编了一本350页的《潘多拉百科全书手册》，记录和这个外星球有关的所有科学和文化。

好了，相比而言，我们对所谓的创意产业、文化产业，又是如何做的？

一是我们特想挣钱，又特不挣钱，都抱怨“盗版问题和知识产权保护不够”等。谈到产业就来劲，哪儿都有“创意产业园”的牌子，而且往往都是国家级的。卡梅隆好像没有什么产业园或者国家政策支持他。他也不抱怨版权，因为很多影迷看了2D版、3D版，还是要看IMAX版的，即使是一票难求。

二是我们也很“IT”，但都是表面的，很虚伪。卡梅隆为了拍这个片子，说服Sony公司特别做了一款3D数码摄像机。我们的每个产业园区都有一个所谓的“创意产业公共服务平台”，投入都是千万级的。但谁真正在用？

在张江我们有一台”TOP500“中排名第10的超级计算机，就在软件园隔壁，在文化创意产业园的隔壁。但是与我们老死不向往来。

三是我们很“山寨”，与精品无关。我们的博士、硕士、高级人才都在山寨事业上走得很久、很远了。而美国那个从物理系辍学的卡车司机，用一句“嘿，你们戴好眼镜了么”就把电影史踩在了脚下。电影纪年的长河可能或者已然被《阿凡达》“一分为二”。权威产业杂志《Screen International》宣布：“20年后，所有影片都会像《阿凡达》这样。”

去看《阿凡达》，都去看！但是请真诚一点。

去看《阿凡达》，都去看！但是请提前30分钟到，起码在这几个小时中，让浮躁见鬼去！

否则对不起卡梅隆！

2014/8/10

看电影的呼吁似乎没有必要了！因为如《小时代》这样的电影，居然也票房满满，不知道陈凯歌、张艺谋他们怎么想，也许暗地里嫉妒的同时，也享受着“电影产业繁荣”的好处。

去看《阿凡达》！这个呼吁，似乎更有必要了！因为阿凡达不是电影，是技术！而且卡梅隆的电影技术还在继续，他希望能够在两部《阿凡达》续集中增加拍摄帧数，达到1秒48帧、60帧甚至72帧的水平，毕竟帧数越多，人眼对动作的感觉就会越细致——他不单单想颠覆视觉，还想颠覆电影放映机，电影院！

62

买一台3D打印机吧

2012/8/8

最近3D打印在极客（GEEK）圈子很火。我也准备去买一台3D打印机，因为家庭版的打印机降价到750美元了。买来干嘛？呵呵，任何杯子大小的、用塑料做的东西，我都不用去超市买了，自个儿在家打印出来就是。更吸引我的是，我咬桃子啥的不用再小心翼翼了，因为我可以打印我那两颗很贵的假门牙了，当然在那之前我要熟悉一点CAD软件使用。

3D打印也受到《经济学人》的盛赞："这是一种新型的生产方式，能够促成第三次工业革命。这种新型的生产方式是社会化制造"（Social Manufacturing），当这种方式得到广泛的运用，那么每个人家都可以是一家工厂。

1986年，Charles Hull离开了原来工作的Ultra Violet Products，成立了一家名为3D Systems的公司，其核心技术是立体光刻（Stereolithography）——利用紫外线照射将树脂凝固成形。二年后，第一台3D打印机SLA-250出品。经过近30年的发展，3D打印变得很简单，原理类似我们天天用的喷墨打印机，只不过喷出的不是各种墨水，而是而是一些可以发生固化反应的材料，比如树脂、塑料、陶瓷、金属；打印的也不是Word文档，而是CAD或STL格式的模型。打印机把模型分层（目前的精度是每一层0.1mm），然后把材料一层层“喷”加上去。

3D打印机激发了人们（先是一群发烧友们）的想象力。设计师们用它来打印模具，本来要借助模具公司等待数月才能完成的事情，现在在设计师自己的桌子上花费个把小时就能完成！而且发现不好的地方可以马上修改，马上再做出“2.0版本”；极客牙医打印牙齿；外科医生更厉害，打印骨头，只不过把材料换成添加了硅和锌磷酸钙；汽车维修公司打印稀缺的汽车零部件，原先全球物流下要等二个月的一个东西，现在花1个小时搞定了！

2012年7月，在地球上进行低重力抛物线飞行模拟过程中，美国宇航局（NASA）测试了3D打印机。未来的宇航员可以使用3D打印机按需打印他们所需的任何物品，甚至连金属材质的机器零部件也不在话下。有了3D打印机，他们无需担心发射时遗漏物资和设备。

最近三个关于3D打印的报道很吓人，一个是打印房子，第二个是打印飞机，三是打印元器件。

一个叫迪尼（Enrico Dini）的发明家设计出的3D打印机，其上千个喷嘴中会同时喷出沙子和一种镁基胶。这种特制的胶水会将沙子粘成像岩石一样坚固的固体，并形成特定的形状，只需要按照预先设定的形状一层层喷上这种材料，最终就可以“打印”一个完整的雕塑或者教堂建筑。

据Forbes报导，欧洲飞机制造公司Airbus的设计师Bastian Schafe预计在2050前能3D打印飞机：此架飞机80米长，曲面机身由透明材质制成，让乘客感觉彷佛翱翔在云端中。

Xerox PARC的研究人员正在致力于可打印电子产品的研究，如随机存储器、传感器及晶体管等，这就意味着消费者可以根据的自己设计来打印手机或者MP3播放器之类的电子产品。

也许这些还没有激发你的兴趣，如果你喜欢更宏观的具有历史意义的东西的话，那么就“耸人听闻”一下：3D打印机“革命”物流业；3D打印机使得制造业大国地位不保。

比如你现在在淘宝上买一个玩具，要等物流送到你楼下，而如果3D打印机普及，商家只需要你发一封邮件，邮件中是描述你所需玩具的CAD文件。2010年在由DHL公司组织的一次大会上，有人就提出了一种可能性：当公司能够打印出急需的零部件时，为什么还要从国外空运呢?

制造业大国的话题很大，但是3D打印将使制造业大国地位不保似乎是一个合理的推理，3D打印技术的意义不仅在于改变资本和工作的分配模式，而且也在于它能改变知识产权的规则，也就是说知识经济时代要升级为“2.0版本”了。

难怪硅谷的风投们全体关注3D打印这个事，成功投资过Linkedin的Reid Hoffman对未来五年硅谷的新趋势的描述，有一句很哲学的话：The New Hardware: bits to atoms（新的硬件将由厘子而不是字节构成）。

3D打印机好像不是一只“黑天鹅”，但是当把它与1750年的蒸汽机、1450年的印刷术及1950年的晶体管来相提并论时，也没有必要羞答答的，不是吗？3D打印机本身的产业已经很大，据Wohlers Associates的数据称，2012年3D打印机的市场规模在17亿美元左右，到2015年该市场的规模将达37亿美元。

好吧，我决定入手一个再说。不为什么，只为极客的虚荣。

2014/8/10

国际上3D打印的应用发展已经突飞猛进，在医用和材料领域也有质的飞跃，最近李嘉诚投资了一家用3D打印技术来打印肉的公司，使得3D打印又”热“了起来。但是遗憾的是，我国的几个3D打印企业，基本上在机械、电子和软件上只做了改进性的“微创新”。

对3D打印技术的认识中，除了把它看成是增量制造技术以外，还应该有另外的高度，那就是机器的自我繁殖。

63

以休闲为目的

2010/10/14

忙者，心亡也。因此无暇顾及“目标”。

儿子十三岁了，忙得很，起早贪黑的，还牵连家长受累，要给他检查作业，要协助他听写等。我偶然问他那么忙是为啥？“完成老师的作业啊！”他随口回答。我听了以后，恍然大悟。难怪他会发生两道同类题目，一个答得漂亮，一个错得一塌糊涂的情况。难怪有一次我看到教材里有篇文章很不错，问他你看了感觉如何？他说没看。我问，这个单元你不是学了吗，为啥没看？“老师说可以不看。”

原来去学校是为了完成老师的作业，就是为老师打工。于是和他认真地讨论了一下上学的目的。为啥上学？是因为要学知识。为啥学知识？因为要为家、为国、为人类做有意义的或者有价值的事。如果再不清楚，可以倒过来考虑问题。假设我想为家、为国、为人类做有意义的事情，需要准备什么？首先要能够自理，照顾身体、生活的能力要学会；其次是基本的价值观要形成，比如尊老爱幼、爱护生命等人类文明的基本能力；然后是高一层的，比如要当科学家，就需要写论文、做实验，那么写作和看文章是必需的，但是英文文献比较多，作为中国人，没有办法，还要学一门外语，还有就是掌握数学逻辑和数学工具。如果不要当什么“家”，那至少也需要语言和科学两类工具，只是不需要太高深。就是说上完中学（高中都未必），就OK了。就像练习少林武功，需要每天练习站桩一样。语文和数学就是站桩，作业就是练习，是使用工具的练习。

“你明白吗？”我说了一大堆以后，问他。他若有所思，说了一句，“那么读书是不快乐的了？”我说对，但是你要苦中做乐。古人说，受得苦中苦，方为人上人。所以，读书从来不是快乐的事情，而是枯燥的，因为需要不断的“操练”，一个动作重复10000遍的操练。

他真明白了吗？不知道。毕竟只是初二学生。对于目标及干什么都是要考虑目标这个习惯，我自己是到了“不惑”以后，干了“挨踢（IT）”才有点感悟的。一开始接触的是IT企业市场，一个企业一个信息系统，核心目的只有一个——提高效率。每个人8小时内的事多了，起码出现三个明显的结果：一是裁员，二是休假时间增加，三是总利润和人均利润增加。比如以前做电子政务，不亦乐乎地做方案、卖服务器、开发软件。当我发现补办一张身份证居然需要四个月、公务员越招越多的时候，我们发觉电子政务的IT思维是错的。因为电子政务的目的我们没有搞清楚。

那么目光放远一点，思维发散一点看，经济发展的目标是什么，或者狭义一点说，科技发展的目标是什么，我们利用那么多先进的技术和工具的目的是什么？是提高效率。

那么提高效率的目标是什么？对于我们每个人来说，就是单位时间内处理的事情多了。那么我们应该有更多的空闲和休假时间才对。好像西方人休假蛮多的，上至总统，下至老百姓。难道我们学习西方资本主义这堂课，虽然用着同样的教材，但还是忘记了目标，或者说西方老师就没想让我们明白什么是好的生活，而他们却偷偷的过着“高生产效率带来的休闲生活，而让我们朝着反方向发展。我们所有人都变得越来越忙了，从幼儿园的孩子，到中央领导，从回家过年到上班这点事，如果一个人不忙，我们就会用诧异的目光看他，眼神中分明有“这人不成功！”的判断——是啊，你至少也得忙着打高尔夫啊！

做对的事情，还是把事情做对，显然是个大问题，但显然，我们无暇顾及！

个人越来越坚信：科技也好，文明也罢，其目的是让人闲适，甚至诗意栖居！

2014/8/10

现在儿子上高中了，他依旧很忙。高铁提速到300公里每小时，我们依旧很忙。

有一次看《动物世界》，发觉人是唯一一种需要“工作”的动物！（类似的动物只有蚂蚁和蜜蜂。)这是进化的成功?智能家居和可穿戴,以及工业4.0机器人的应用,似乎在努力回归到不需要工作的状态。人工智能的发展也是试图让机器做很多人可以做的事。

英国的科幻电视剧《Black mirror》里,大部分"人"的工作是踩单车发电!

64

智慧城市新视角

2010/5/26

历史经验证明，我们是巨大的市场，而且是试验市场。我们常常以此为荣，甚至把“市场换技术”作为大战略（国家战略）。当年Cisco的第一台第二台高端IP路由器，都是卖给我们中国的。当时就奇怪，不就几百万买了一台设备，还劳驾他们的VP来一趟河北石家庄？因为我们在帮他做试验，但他没有支付我们试验服务费。是我们掏钱买了设备，还掏钱让自己的技术人员去学习如何使用这台“新”产品（当时ATM设备是主流，IP交换设备只有Cisco在做）。

Cisco是营销高手，IBM更是营销高手，而且是战略营销高手。这个“蓝色巨人”每隔几年就推出一些新的概念，让大家热血沸腾地买它的蛮贵的硬件、软件和服务。

贵有贵的道理，LV包为什么贵？不是材料好，设计也不见得有多好，而是因为LV这个牌子就代表了“引领潮流”。当潮人当然要付出代价；要一直当潮人，其代价不菲；你身处中国，要当法国LV的潮人，那么你要付出的除了代价还有风险——跟错了潮流。

IBM从2010年开始推出了“智慧地球”（smart planet）。这又是一个潮流，其抓手是“智慧城市”。这是针对我们来的，因为我们是大市场——全世界哪个国家和我们一样有那么多“超大城市”需要智慧化？我国有660多个城市，其中直辖市4个、副省级城市15个、地级市260个、县级市381个。而丹麦，100万以上人口的城市只有1个。

那么这次，我们继续买单、继续试验、继续献身？

在继续之前，至少要思考两个已被历史证明的事实：市场换技术是不可能的；没有自主核心技术的产业是“空心花萝卜”。因为智慧城市是个大大的新兴产业，所以这两个事实更要成为“规划”这个产业的基本点，尤其是每每在被漂亮的PPT搞晕的时候。

智慧城市是新兴产业，而且是我们国家难得的可以引领下一轮新经济的“自主”产业。就像大规模的3G建设，我们拿出三分之一的机会，就把有30%自主的TD-SCDMA标准变成了国际标准之一的可能，智慧城市的建设，将会带来IT领域、能源领域、新材料领域的更大的机会。

智慧城市，就是在钢筋水泥的城市上再建一个信息技术支撑下的数字的、网络的、虚拟的和智慧的城市，所以它是投资。

智慧城市的建设，带来了城市居民的新体验。比如移动电子商务、视频通信、高清电视及智能交通等。这些都是新的“现代服务业”。所以它既是投资，也是消费。厦门在厦门移动的支持下，启动智慧城市建设，2009年带来9个亿的新增消费。

智慧城市需要极大的技术创新。从智慧城市的角度看，很多技术远远落后于需求。很多问题，比如堵车、流行病控制、终身教育及老年护理等，需要更高性能、更方便的技术和设备。

智慧城市带来新的服务经济。城市中的水、电、气都将变成服务，也会出现新的服务供应商。政府原来的各项职能也会因为移动互联网、物联网转变成为公众服务，出现新的第三方服务商。更不用说已经启动的电子商务。

因此，智慧城市真正要考验的是政府决策的智慧。因为，智慧城市的核心——“服务经济”——的本质是服务型政府。

是以人、市民为本，还是以汽车、公务员为本。是自主创新，还是招商引资，市场换技术。在智慧城市这个产业新浪潮过来的时候，先把这些根本性的问题梳理清楚了，再去当潮人。现在很多地方政府都是潮人，最近大家不都在建设云计算中心吗?

在智慧城市这个事情上，即使要做潮人吃“新鲜”的，也要学学杨贵妃。她身处西安宫中，却非得吃到摘下来少于3天的荔枝。这个潮人赶的“百马死山谷，至今耆旧悲”，但也留下四川涪陵的优质荔枝园，留下涪陵至长安的“荔枝专用高速公路”——“荔枝道”。否则，我们按照IBM的规划，买了一堆传感器、网络设备，当然还要买IBM的服务器和数据库，还要用“zWAVE物联网标准”的芯片，再支付一大笔的软件费，再养一帮所谓的集成商。这样一来，多年以后，我们又是一个试验场。“浪潮”过后，美国NASDAQ的前几名被智慧城市产业的相关企业占领了，而我们的A股B股H股，还依旧是中石油、中移动及房地产。那这个“潮”就白赶了。

智慧城市是“潮”，要赶，就要“赶”出点名堂来——“赶出”一个中国领衔的智慧城市产业！

（李毅中先生最近对IBM的智慧城市提出质疑，有道理，支持一下！）

2014/8/10

最近很多官方代表，确实已经承认“市场换技术”的失败，也确实认识到我们的城市家园不能全是IBM的智慧！

不过我极其不屑于所谓的“顶层设计”和“标准体系”这一类貌似“高大上”、正确的文字和提案。就像城市是自然形成的一样，智慧城市就是虚拟城市、网络城市，彻底地说是一个“互联网社区”，而社区是自然形成的，不是预先设计的。

这恰恰是智慧城市的智慧。

65

“新四化”的三元结构

2013/6/13

“四化”是个历史悠久的词。

1954年我国就提出实现工业、农业、交通运输业和国防的“四个现代化”，十年后周恩来总理加了一个时间限制，并把交通运输业换成科学技术，他说：“在二十世纪内，把中国建设成为一个具有现代农业、现代工业、现代国防和现代科学技术的社会主义强国。”又过了十五年，邓小平进一步量化了四个现代化：“到二十世纪末，争取国民生产总值达到人均1000美元，实现小康水平”。这个量化任务延后了三年才完成，2003年，中国的人均年收入达到1000美元。又过去9年，“新四化”出现在“十八大”报告中，距离1954年已经59年了。李克强总理在报告里说：“坚持走中国特色新型工业化、信息化、城镇化、农业现代化道路，推动信息化和工业化深度融合、工业化和城镇化良性互动、城镇化和农业现代化相互协调，促进工业化、信息化、城镇化、农业现代化同步发展。”

这次关于新“四化”的表述很有意思，一是中国特色的定语没有变，留下了很多腾挪的余地；二是进一步阐述了“四化”两两之间的关系，按照逻辑，四个“化”包含有六个关系，具体地说是工业化与信息化、工业化与城镇化、工业化与农业现代化、信息化与城镇化、信息化与农业现代化，以及城镇化与农业现代化。但是在报告中，只提到了其中的三个关系，最后总结成同步发展。

“工业化与信息化深度融合”就是说将来分不清工业化还是信息化——这一点与工业和信息化部的设置有很好的对应关系。这个融合会是什么样？从GE老总最近高调提出工业互联网的趋势看，融合的模式似乎是这样：工厂的管理，早就被CAD/CAM、MRPII/ERP和OA等的应用计算机化了；工厂生产线越来越电子化、数字化、自动化、机器人化；产品的市场和销售，也电子商务化了。也就是说计算机技术已经深度融合到了工业中，钢铁鼠标化了，硬的变软了，再说的学术一点就是把atom（原子）变成bit（比特）。

如果再进一步，说到当红的3D打印的增材制造，IT似乎不仅仅是把一些操作鼠标化和键盘化，还可以逆过来，通过鼠标和键盘来把比特变成原子。也就是说，计算机与工业的融合形成了一个闭环。所以工业化与信息化深度融合出来的东西，是一个既貌似制造业，又貌似信息产业的产业。这里套用“软件吞噬世界”的话，信息产业有点类似鸠占鹊巢的意思。

“工业化与城镇化良性互动”中的工业化，承接前一句就是“信息化和工业化深度融合以后”的工业化，它与城镇化的互动，可以展开成两个方面：一是依据某个产业来设立行政上的城镇；二是现有的城镇发展自己的产业。在以往的模式中，城镇发展乡镇企业，如苏南模式等，都是第二个模式。那么是不是可以用某个产业聚集来发展城镇？比如长沙的远大城及很多高科技园区。

第三个关系是“城镇化与农业现代化相互协调”。这里的农业现代化是什么？如果撇开土地产权之类的事情，实际上是大规模农业和深度农业，一是规模化机械化，二是产供销垂直整合。这个事说白了，好像就是“工业”只是土地作为核心生产资料的工业。那么农业现代化的问题也是信息化与工业化的事了。这恰恰是六个关系中的第三个“工业化与农业现代化”，以及第五个“信息化与农业现代化”。

所以根据上述逻辑，从信息化的角度看，“新四化”的“三元结构”结构出现了：政治和技术驱动经济发展。城镇是政治范畴、信息是技术范畴、工业和农业是经济范畴。

如果再进一步理解“软件吞噬世界”的判断，以互联网技术为核心的信息化，其“化”功不可忽视：它是嵌入式的，是一种潜移默化，比如经过十年的发展，让我们渐渐离不开手机了；它是从量变到质变，恰如海啸的叠加，当我们看到浪头时候，已经来不及逃跑了。

所以深入分析“新四化”的三元结构，具有主动性、规律性，是不由我们意志转移的“化手”，似乎是信息化。

好吧，不要说我“黄婆”就是。

2014/8/10

没想到我的政治思想如此正确！

我们在一个神奇的国家，在几个平行世界之间穿行。在日益萧条的农村，生活着靠天吃饭的农民伯伯，他们手握手机与在城里打工的孩子或父亲微信联系。城里的这些打工仔们，在工业2.0阶段，是比自动化生产线还廉价的工作机器，而“海天盛宴”这样的后工业时代生活，已经与拉斯维加斯不相上下了。

这些人与事，都用一样东西串在一起、连在一起，一起脉动，那个东西就是“互联网”！

66

市场社会：马诺和唐骏

2013/7/11

一直觉得我们所处的这个社会，是个“嘉年华”，是个“娱乐圈”。什么事情都可以发生，你不用大惊小怪。不过按随机原理，奇谈、怪事总应该是好一半坏一半、正一半负一半的。但是，好像不是这样，事情越来越往离奇、越来越往“负”的方向发展。芙蓉姐姐居然以其“S”造型获得几十万元的出场费，宝马女马诺一夜之间可以出唱片甚至拍电影，这都算了，她们要以这个养家糊口。精英如唐骏居然也拿着文凭、自传加入这个“娱乐圈”，而且搞得那么无趣，真让人看不过去。

英雄不问出处的确好，但如果完全以结果论英雄，最终导致的是时代道德的集体沦丧，试问如果没有借助假学历作为敲门砖谋求职场的第一桶金，或许现在无人知晓唐先生是谁。

我纳闷：莫非市场社会真的到了?!

我是从杜维明教授那里听到市场社会这个概念的。这四个字一针见血。

他说："今天世界上的各大都会，因为物欲的充分释放，造成了环境破坏、交通堵塞、贫富不均等现象。当市场经济渗透到社会每一个层面、每一个领域，不仅是企业，包括政府、媒体、学术乃至宗教，社会就成为一个'市场的社会'。"杜维明认为这值得我们担忧和深思。

什么都可以买卖的社会就是市场社会。教育产业化、医疗产业化，就是市场社会。政府执法用"钓鱼"方式也是市场社会。往大了说，每个区域的政府机构难道不就是一个公司吗？

最近报刊上在说美国不承认我们是市场经济，我才慢慢关注这个事情。是啊，市场经济是需要承认，因为市场经济是有标准的，不是自封的。总强调××特色市场经济，无助于我们的进步，老是说这个，不免有点撒小孩子脾气了。

以前有人说，我们的市场经济与欧美的市场经济看起来一模一样，甚至细到每一条合同的条款、每一个业务流程。但是有一点是不同的，那就是他们有教堂，我们没有。我当时很不以为然，甚至去韩国看到鳞次栉比的教堂的时候，也不以为然，甚至听到比尔·盖茨捐出自己全部的财产的时候，也不以为然。但是今天，好像我似乎明白了，杜老师的"市场社会"四个字扎得我很疼。

杜老师在另一篇文章中说："我梦想中的中国，是一个精神文明的大国。精神文明大国是建立在人民富强、康乐的基础上的。第一我们要成功，我们要站起来；第二我们要追求意义、追求核心价值。通过这种方式，我们要推己及人、利己利人，我们自己能够发展，我们也希望比我们更落后的地区能够发展。在世界层面上，我们不仅要对中国、对东亚有责任感，还应该对世界有责任感，乃至对人类有责任感。人类要突破人类中心主义，才能够对我们现在所生存的地球做出积极贡献。中国要做所谓精神文明的大国，那么走出的这条路就不是只有中国人能走，而是世界上所有人都能分享。人类现在最危险的大问题就是存活问题，这条宽广的人文精神之路，能为人类找到一种新的归宿。儒家全面、深刻、能够整合的人文精神，会成为各个不同民族的参照。”

2008年8月发生的三鹿奶粉事件，6个小孩死亡，30万儿童得病。二年后，2010年7月9日报道：“今日甘肃青海吉林再现三聚氰胺超标奶粉。”警方在青海一家乳制品厂检测出三聚氰胺超标500余倍，原料来自河北等地，生产的奶粉主要销往江浙一带。吉林也查出黑龙江生产的三聚氰胺含量严重超标的奶粉。

奶粉事件中，有一名企业家叫牛根生。在事件之前，他几乎出现在所有的财经类××TV中，得奖无数，而且是青年的创业导师。现在看来，他是一个成功的商人，还是市场经济的明星？不是，他是市场社会的明星。

我们需要什么？不是浙商，是哲商、是“儒商”。杜维明教授说：“我认为儒商可以定义为企业界的公众知识分子——他不仅是个企业家，他还关心政治，参与社会公益事业，在发展企业的同时也关心文明的进步。儒商也许在经营上不是效率最高的商人，但他们能成为商业界的领袖人物。”

谁是儒商？

徽商程锁是，他在溧水经商，某年丰收谷贱，程锁仍按往年价格收购存储。第二年遇饥荒，物价上涨，他“出谷市诸下户，价与往年平”。他“信义服人”，为徽商树立起廉贾的形象。

子贡是，他经商于曹鲁之间，家累千金，随孔子周游列国，为孔子实现理想提供了必要的经济基础。孔子死后，别的弟子守丧三年，他却守墓达六年之久。

一个研究者说当代儒商的代表是印尼的李文正（Mochtar Riady）、美国的王安、中国台湾的王永庆、中国香港的李嘉诚和中国大陆的孙大午等。

市场社会，将会是大灾难。让我们重看《麦田守望者》，守住我们的底线，我们本来是有底线、有理想的，不管是儒家、佛教，还是道教，还是按劳分配的社会主义，还是按需分配的共产主义。

2014/8/10

最近马云的“重利不重义”被一件事发酵：他明明承诺收购绿城足球队，绿城也拿这事当救命稻草，但马云真正合作的是广州恒大。人们把这事与他之前的“支付宝事件”、“卫哲事件”联系起来，让马云脸上不好看，马云不得不出面澄清。

我蛮支持这类讨论，起码大家开始讨论“诚信”这些基本素质了，不再是唯利是图了。

我一直觉得社会角色与社会责任是严格挂钩的。所以当柳传志倡导大家“企业家少关心政治”的时候，我一下子打了两个激灵：一是因为高大上的老柳居然如此言行；二是什么势力会如此之大，能让如此高大上的老柳变成这样。

67

半成品时代

2011/4/25

我最先看到“半成品时代”概念是在吴柏凡先生的《半成品时代的生存逻辑》一文中。

生产和消费模式的变化，从Ford T型汽车的大规模生产开始，应该是“1.0版本”；DELL的基于供应链敏捷管理的“大规模定制”，是“2.0版本”；那么现在的“iPhone + Application store模式”就称之为“3.0版本”——半成品时代的代表。

生产和消费两端，总是在争夺主导权。市场也总是在买方和卖方之间摇摆。

“1.0”、“2.0”、“3.0”的发展趋势似乎是消费者的“上帝”权柄回归的过程。也就是说，消费者对生产者说，你要按照我的需求生产。

这个观念的提出已经有30年历史。1970年美国未来学家阿尔文·托夫（Alvin Toffler）在《Future Shock》一书中提出了一种全新的生产方式的设想：以类似于标准化和大规模生产的成本和时间，提供客户特定需求的产品和服务。1987年，斯坦·戴维斯（Start Davis）在《Future Perfect》一书中首次将这种生产方式称为“Mass Customization”，即大规模定制（MC）。1993年B·约瑟夫·派恩（B·Joseph Pine II）在《大规模定制：企业竞争的新前沿》一书中又有更详细的论述。

到今天，大规模定制这个矛盾的概念，最后以“iPhone + App Store模式”被生产者和消费者热捧，这究竟是消费者的胜利还是生产者大获全胜？我觉得应该是后者。因为消费者实际上得到了一个半成品。生产者把很多“大规模定制”的“定制”部分隔离出来扔给了消费者，而消费者反而沾沾自喜，乐在其中。

规模化降低成本，品牌提高附加值，这个基本的事情没有改变。不管是大规模敏捷制造，还是柔性制造，都是在消费者需求多样化地倒逼过程中，生产者为了保持大规模自动生产所做的调整，而在本质上，工业化追求的理想模式是“可口可乐模式”，一个配方吃遍天下，吃100年。但是消费观念的两个主题——快速消费和个性化需求，一直在阻碍这个理想的实现。博弈的结果是宜家、苹果及更极端的硬件开源。

在宜家模式中，把运输和安装这两件事情都交给消费者。消费者将零件扛回家，一家人一边看图纸一边拧螺丝，汗淋淋地把一个柜子组装起来，再配上许多的配件，一种成就感悠然而生。而这个时候笑得最欢的应该是宜家。

实际上，苹果从品类和设计角度看，比宜家做得差劲多了，Steve Jobs开发的iPhone4，实际上只有一个型号而已。但是不知道为什么，消费者却如此乐此不彼地买上各种橡胶套子，以示自己的“四凤”（iPhone4的昵称）

很个性化。App Store提供了大家下载应用软件的机会，但是，篮子里装的东西能改变篮子的性质吗？看起来也许是可以的，你大量安装各种游戏，手机就变成了游戏机；大量下载各种办公软件，手机就变成了商用机；下载电子杂志，手机就变成了电子书……

尽管苹果做的比宜家少，但是苹果做得更极端，那就是他把大规模定制的定制部分割裂出来，交予用户自己DIY，还收取DIY的费用，把DIY的配件（App Store中的几十万个软件也是配件而已）变成了一个产业。在IT圈，把DIY推进得更加彻底就是“硬件开源运动”。

半成品时代，消费者参与了部门生产。消费者和生产者的界限变得很模糊，就像Web2.0又叫做“读写网”一样，你在消费的同时又在生产。

半成品时代本身是个矛盾体：一方面是消费者像西西弗推石头一样近乎绝望地追求个性化；另一方面是生产者不得不采用快速迭代方式，快速推出大量的产品来面对一个模糊而混沌的市场。

整个社会穿上了红舞鞋？

2014/8/10

当我们从宜家吃力巴拉地把商品一盒一盒搬回来，手忙脚乱地装配起来，满怀成就感地看着这些柜子椅子的时候，是谁赢了？宜家省了多少事啊，我们又多了多少快乐啊，在半成品时代，没有买卖双方，有的只是用户参与。

这里的奇妙之处是，每个人对成就感的价值度量是不一样的。在宜家这个商业模式里，是成本转嫁到了买方，但是却多出了买方的成就感！这就是“半成品时代”的魅力所在。这个魅力的另外一个版本故事是：你如果提交一份报告给领导，一定要留出几个明显的错误——对，提交半成品！

68

一直没有到来的NOTE

2010/12/13

在iPad狂卖的时候，山寨没能重复手机（准确的说是feature phone）市场的成功。现在看来，不是山寨很牛，而是Moto们太迂腐。Moto们唯运营商是瞻、唯唯诺诺、单膝半跪“嗻嗻”成了习惯，于是在中国大陆，他们被山寨们用无厘头组合拳打得找不着北；在国际上，被苹果的iPhone一记学院派的右勾拳打得倒地，一直在数数，只是还没有数到“10”。

如今iPad又给了很小资的以kindle为首的电子书狠狠一拳，我觉得只是左手的刺拳而已——是无意中打中的——iPad本来是拿来对付笔记本的。就像最近发现阿司匹林有缓解血管硬化的作用一样，大家发觉用iPad看《News weekly》等杂志，实在是太爽了！一个iPad资深用户（他还是研究者）定位于在两个地方用iPad：一是床头，睡觉前拿起来看半小时一小时；二是去厕所的时候，顺手带着——可能他坐马桶的时间会因此延长10~30分钟。

如今已经有很多人在说iPad的坏话了，我就是其中之一。因为iPad很危险，它会让我上瘾，挤占我每天已经不多的“非电子化、非网络化”时间。让我不能好好地看书、好好地思考、好好地写东西。

这就回到电子书的定位问题上来了。电子书很“热”，但是厂家们自己知道这个“热”，是“热锅”的热，很多电子书厂家希望说服政府用这个设备来做电子书包，而且恨不得教育部部长一声令下，全国中小学生“一人一本”。

但是学生们真需要这个东东吗？在现行教育制度大受诟病的大环境下，电子书包解决不了任何问题，只会增加新的问题。

关于教育制度，最近对一则新闻的两种截然不同的反应很能说明问题。新闻是“由国际经合组织（OCED）举办的全球范围大型学生学习质量比较研究项目PISA2009年度测试报告于2010年12月8日公布。首次参加测试的上海学生在阅读能力、数学能力和科学素养三个领域，在参加测试的70个国家和地区中，均排名首位。”

表扬者说：“全球最好的学生在上海。”批评者说：“输了教育赢了考试又如何。”北京大学附属中学校长助理在《华尔街时报》的文章中进一步分析说：“越来越多的人清醒地意识到，中国的教育体系非但没能帮助中国超越西方，反而阻碍了国家的发展。教育改革的第一步是尝试把考试高手调教成写作好手。”

对，拿起笔写作。这个需求无论是学生和成年人都有，而且明摆着，但是却没有一个好的设备可以拿来替代我们的纸和笔。如果按照苹果的产品命名习惯，那这种设备就是iNote——那就是一只笔、一张电子纸。

触摸屏技术的发展，大有从手机屏幕到计算机桌面并向着电视墙蔓延的不可一世之势头，但是在16开、32开规格下，应该是被“笔”垄断的。这个“应该”中，有一个显而易见的习惯：我们有笔记本电脑、有手机、有iPad，但是我们在开会的时候，无一不拿一只笔、几张纸、一个本。这个“应该”中，尤其是在中国，有“义不容辞”的意义在里面，那就是汉字。汉字的书写是中华文明能够延续2500年的秘诀。相比而言，现在的英国人要读400年前的莎士比亚原著是很困难的，除非他是专家。

还有一个“应该”，就是手握一只笔进行写作和阅读，是一种深度阅读的姿势。相对而言，用手指头触摸翻页是信息消费。这一点，盛大的bambook定位很对——每天消费10000字！这个“消费字”的电子书，被iPad无意中击倒可能有其必然原因。

因此，我宁愿买iNote，当然它肯定可以当电子书用。但是它要保持两个本质的东西：一是笔，二是纸。因为我要用它来思考。

现在看来Thinkpad这个名字是很有智慧的，它现在可以变身做iNote了。

2014/8/11

这么多年过去了，iNote没有出现，倒是iPad mini版流行开了，最近的iPad air，有替代iPad的意思。但是我一直带着笔记本电脑，因为它有一个物理键盘，我称之为“生产用”，而其他的各种配件，都是消费信息用的。

确实有人利用一个APP来手写输入，做笔记用，但是总觉得不对。最近入手的小米PAD，我把玩了几天，就发觉最好的使用场景是躺着看视频！

工具改变人，是工具的力量！

一直在担心汉字书写的消失，但是现在看来，已经抵挡不住了，这键盘与汉字之间挡着一个英文“QWERTY”键盘，就挡住了直接书写的可能。再加上有联想输入法，你会自然而然地选择电脑提示的词组和成语，从而使你的表达百度化、谷歌化。

尽管在意识上支持Bill Gates对笔的坚持，在新的windows 8.1的各类surface产品中，尽管已经采用触摸式，但是他依旧坚持配备了一支笔，然而这种坚持似乎很无力。

69

科技与文化 谁融合谁

2012/6/27

“得克萨斯州弗里奥纳，星期一，弗里奥纳队尽管有7次安打和8次得分，还是在第五局以10:8负于农场男孩队。弗里奥纳队当天的开局完美无瑕，亨特·桑德尔在本垒就力克农场男孩队的投球，打出了个2:2。此后，桑德尔在第三局击出一垒安打，在第四局击出了三垒打……弗里奥纳队的盗垒不胜枚举，总共8次盗垒成功……记者：Narrative。”

这是一篇真实的、没啥特别的美国少年棒球联赛报道，特别的是记者不是一个人，而是一个软件——这家Narrative（叙事）科技开发的新闻写作软件，去年写了40万篇报道，今年这个数字估计要超过150万。这个只有30名员工的公司脱胎于西北大学的梅迪尔新闻、传媒和整合市场传播学院的智能信息实验室（Intelligent Information Laboratory），当有人问CEO哈蒙德：“在20年内，电脑是否将赢得普利策奖”时，他说：“这件事必将发生，不过不是在20年内，而是在5年之内。”

这次IT要“革”的是记者的“命”，还有默多克的“命”？

这也许是科技与文化结合的一个标志性案例。由此，值得我们用新的视角来看“科技与文化融合”这个无论如何也绕不开的事。

这个“绕不开”是因为不是我们人类要融合科技，而是科技“祂”要融合我们。在汉字中，“祂”不是他和她，也不是它，“祂”是“超人”专用的。在当下，我们可以把“祂”理解为“技术界”——是除植物界、动物界、真菌界、病毒界、原生生物界、原核生物界之外的第七界。这是KK的观点，他说：“人对自己身体的扩展就是技术，拥有技术的人被定义为technium（技术元素），成为了第七类生命。”而在《科技想要什么？》这本书中，KK直接回答了这个问题，“科技本身是有生命的，而且正在‘看似被动实质主动地’拥抱我们人类生命。”其逻辑是，很多技术发明，看着好像是我们人类中的精英——科学家——的创新发明，从另一个角度也可以这样理解：这个技术早就存在，我们人类只是“发现”了它而已。

每一次重大的发现，让我们如此惊喜，以至于我们界定自己的发展阶段为：农业社会、工业社会、信息社会等。

信息社会以我们对电子、计算机、网络等IT技术的发现为标志。工业社会中汽车“革”的是马的“命”，而信息社会中，Internet似乎要与我们PK智商，要“革”掉我们引以为自豪的“智慧”或者“文化”了。

当苹果的语音识别软件Siri居然可以与主人调侃，似乎还比主人更懂得幽默的时候，一下子让大家感到人工智能是如此的近。而实际上这个语音识别技术早在15年前就开始被研究，只是今天它长大成为了一个15岁的风华少年。就连以中文“Siri”著称的科大讯飞公司也是在20世纪成立的。

如果还记得15年前的事情，大家就可以知道在人工智能领域，Siri实际上不算什么：1997年5月11日4时50分，国际象棋世界冠军卡斯帕罗夫，这位号称人类最聪明的人，在前五局2.5对2.5打平的情况下，在第六盘决胜局中，仅仅走了19步，就败给了计算机“深蓝”。

所以，至少在意识角度和哲学层面，应该有这样的境界去看文章标题中的提问：“文化，作为我们有别于其他动物的一件东西，现在要被科技融合？”从这个境界去看当下炙手可热的“文化产业”，我们也许会有更多启发，不至于被铺天盖地的动漫、3D、微电影等概念迷惑。

很容易理解技术是文化产业中的关键元素（不是之一），尤其是你把视野放诸全球的话。Apple的Retina视网膜显示屏一下子就重新定义了“高清图像”，再结合其多点触控技术，继而重新定义什么是杂志什么是报纸什么是教材什么是书籍……从而重新定义了出版业！我们也就很容易去理解我们振兴文化产业的抓手其实很少，因为“祂”们没有准备好拥抱“汉文化”。所以当只有40个员工的美国同行Instagram以10亿美元被Facebook收购的时候，我们的图钉和美图秀秀，除了要苦苦地计算什么时候赢利什么时候获得下一轮投资以外，别的无计可施。

尽管有IT、ET和BT之说，但是我依旧支持KK的观点，信息技术（Information Technology）是基础和核心。在科技融合文化的环境下，文化产业实际上是高科技产业，而且高科技产业的主题词是全球化移动互联网。只不过科技“拥抱”文化以后，也就有了很高的PE值，也显得很可爱很性感。比如厦门大学的周昌乐老师开发了一个宋词生成器，但不知道他拿到投资没有。这是他用软件写的一首词：

相逢缥缈，窗外又拂晓。长忆清弦弄浅笑，只恨人间花少。

黄菊不待清尊，相思飘落无痕。风雨重阳又过，登高多少黄昏。

2014/8/11

文化概念中的“虚”的成分，有点空气的意思：确实虚，但是你一憋气就能感觉到。

在乔布斯一生中对他影响最大的，恐怕不是斯坦福大学里的计算机课程，而是退学后的“书法培训班”，他后来说：“在当时很少有人能看到书法学习的价值。”但实际上他正是通过学习书法掌握了不同的字体，这正是Mac计算机的最大优势之一。他当时为啥学书法，说不定是为了自己能够有一个很漂亮的签名——“高大上”的表述是“在科技与人文的交汇点上创新”。

人类是工具驱动的进化动物。科技是制造工具的，那制造工具的目的呢？是发展人文！但是有一点是始料未及的，工具越来越智能，比普通人还智能，还有知识、有文化了。这个颠倒的趋势已经发生，有人说那个叫奇点的时间就在2025年。

这是很诡异的。

70

偏执和开放

2013/6/20

有一个造就股市“常胜股评家”的简化模型：面向10万人，他把明天上涨和下跌的信息各发送给5万人，第二天股市上涨，收到上涨信息的5万人觉得这专家“牛”；到第二天收市的时候，他把这5万人分成两拨，一拨发第三天上涨的信息，另一拨发第三天下跌的信息，如果第三天股票小跌，那么其中2.5万人已经两次证实这股评家的“牛叉”了；好，到第四天，故伎重演，有1.25万人收到他三次连续准确的预测信息，如此下去，一周五天，他可以得到3125个信徒——因为他们连续五次收到了预测成功的“股神信息”。

一周下来，“股神”得到了3125个忠实“粉丝”。这3000多人，在其他人看来，偏执到了迷信，有点可笑。但是在微博、Facebook等社交媒体上，每天都在发生着这样的选择和站队，开始走向偏执，你不觉得吗?

以微博为例。尽管大家在新浪微博中看大千世界的人间百态，但是微博的核心是“粉丝”，在功能实现上是“关注”按钮。“关注”是双向的，你可以“关注”他，他不一定“关注”你，当然你可以求他“关注”你。这个“关注”可以取消。微博中还有一个强大的功能是“把他列入黑名单”，那他就没有可能“关注”你。还有一些是设置关注条件的，比如要请你回答一个问题，答对了，才能得到他的“关注”。

这个“关注”功能的人性化设置，恰恰导致了“偏执”。

你逐渐会发觉你的微博越来越舒服，都是你想知道的信息，因为你“关注”了你喜欢的人，那个人发表的观点与你差不多，那个人的立场是你的立场，比如在罗永浩与方舟子之间，你会站队。而微博上几乎每天都有人在吵架、在争论，有时为某件事，有时为某个政见，而且几乎没有中间状态，就是大家熟知的辩论赛的正方和反方。

作为旁观者的我们，就只是站队。

一次一次的站队，让我们的微博越来越“自我”，变成了自己的“园地”：里面盛开自己喜欢的玫瑰花，长着自己喜欢的狗尾巴草，飞着自己喜欢的小蜻蜓，就连知了也唱着你喜欢的“红旗下的蛋”——只要有人唱“我是风儿你是沙”，你立马“取消关注”；只要有“野菊花”，你就“取消关注”；只要“荷花摇曳”，你就“拉黑”……实在是太方便了！

然而这个过程就是偏执形成的过程。

在心理学上，还有两个比喻。一个是“山洞回声效应”：你进入了一个山洞听到很多声音，实际上都是你自己说的话，通过不同的时点反馈回来而已。还有一个是“镜屋”：你进入一个四处放着很多镜子的房间，你看到的都是你自己，各种角度的自己，甚至每面镜子里都有N个自己——你的“复制品”们在互相看！——就像你的“粉丝”和你“关注”的人之间，他们也常常是“互相关注”的“粉丝”一样。

在一生中，我们一次一次地要求站队，从而形成了很多偏执的习惯，而且我们希望所有身边的人也站队，从而让他们也与我们一样。这种在现实生活中需要很长时间甚至需要借助指定法规法律去完成的事情，在社交媒体中，我们用“关注”一个按钮就完成了。这也许就是希拉里常常把Facebook和Twitter政治化的缘故吧。

在Twitter中，与“关注”对应的是“follow”，直译就是“跟随、追随”，或者叫“粉”。比起“粉丝”，“关注”这个词是比较中性，比较没有态度。所以，严格地说是微博的“粉丝”功能强化了我们的“偏执”。

那么偏执不好吗？Intel总裁Andy Groove不是说“只有偏执狂才能生存”吗？而且你有没有发现历史上的那些达人，一般都是偏执者，比如林肯、牛顿、达尔文、孔子和乔布斯等。

难道偏执从此褒义了？

就个体而言，偏执确实是褒义的。人生短暂，在一辈子中能够有所成就，而且是在数千年的积淀中脱颖而出，必须很尖很锐，否则穿不透这“历史的麻袋”。比如学问，从高中文理分班，到大学分系，研究生选专业，直到你的博士论文已经只能是业内人士看懂了，这个过程是一个偏执过程。

小集体的偏执也是褒义的，比如一个创业公司必须专注一个产品；比如Bill Gates也没有去做房地产。

但是随着集体所涉及的人数越来越多，偏执就会越来越回归到贬义。这可以从两个角度来看：一是群体的偏执是危险的；二是群体的偏执必须有“强力意志”。

可以用来消解“偏执”的是“开放”，如果一定要加定语的话，那就是“多元化开放”。以微博、微信为代表的社交软件，实际上已经为大家展示了另一个社会系统，在整体上它是多元化开放的，有数亿用户的系统到现在也不明确以后会发展成什么样。这种开放思维模式是运营这个“大系统”所必须的。

一个多元化开放的大系统孕育了数亿个偏执的我们。

努力让自己不偏执，因此我“关注”方舟子，也“关注”罗永浩。

这是中国梦的另一种表述：有一个开放的生态让我自由自在地偏执。

2014/8/11

越来越觉得中国阴阳太极图之玄妙：物极必反。

互联网从Web1.0的新浪，发展到Web2.0的微博，是个性化的释放。每个人可以设立一个博客网站，可以有自己的媒体账号，但是恰恰在这个时候，每个人都缺少了存在感，需要通过“刷微博”、“点赞”来参与这个喧嚣的世界，但是越“刷”，就越被淹没，越没有存在感。

移动互联网，应该更是个性化的释放，本书中有一篇文章是《我的手机我的网》。但恰恰相反，你的手机变成了“街机”，每个手机里安装的APP也是趋同的，而且被裹挟着。原先只是MSN里的150个联系人，现在被150个500人大群裹挟。

这类“个性化、同化”的矛盾体，也许就是推动互联网发展的根本动力。高速的宽带、海量的存储及几万台服务器的云计算，只是让这类“矛盾发动机”快速地、疯狂地运转起来，有点像高铁，之所以可以快速，是因为每节车厢都有发动机。

低俗地看，找到这类矛盾，就是商机。

小希望之家　小希望救命卡

传播本卡，举手之劳，拯救小小生命！

救助困境儿童，请拨打：400-160-0011

为您提供 救助渠道 紧急医疗 法律援助 心理干预

电子邮箱：xxw@xiaoxiwang.org　微信号：xiwangjia

微博：@小希望之家 QQ群：57358629

电话：021-54667313

你不知道的救助渠道

新农合为新生儿自动提供跟随母亲的医疗报销……

所有先天重症，在中国都能找到救助的对应基金……

许多充满爱的陌生人，愿意无偿救助垂危的孩子……

小希望为您对接上述资源，引流爱的活泉

当你的孩子处于危急时，拨打400-160-0011，给你最后的小希望！

儿童安全十条

孩子烫伤只1秒，烫伤立用凉水冲；花生豆果冻樱桃，噎死多少小宝宝；

孩子独自去玩水，溺死真的很容易；孩子单身路边走，车来车往猛如虎；

孩子单独路边走，小心人贩下毒手；尖锐刀箭不能玩，交给妈妈要收好；

栏杆窗户要关好，宝宝摔下不得了；宝宝不给随便摸，儿童性侵到处有；

家里药物要藏好，不能毒到小宝宝；插头电线不能碰，远离火源和鞭炮。

微 信

支付宝直接捐款

小希望淘宝义卖点

微 博